Paul Kirchhof

# Der Staat – eine Erneuerungsaufgabe

# HERDER spektrum

Band 5555

## Das Buch

Der Ruf nach dem Staat ist laut, die Erwartungen an ihn sind widersprüchlich. Die Situation ist schwierig: Kann der Staat in Zeiten weltweiten Wirtschaftens und weltoffenen Austausches dem Einzelnen überhaupt noch eine politische und kulturelle Mitte bieten? Werden die Begegnungen der Kulturen die kulturellen Freiheitsrechte der Religion, der Kunst und Wissenschaft bestärken oder gefährden? Auf welche Kirchen wird sich der weltanschaulich neutrale Staat stützen, wenn die Religionsfreiheit nicht verkümmern soll? Gelingt es der Gemeinschaft der Staaten, in der Verständigung über Werte und Verhaltensmaßstäbe die Chancen des Weltfriedens auch gegenüber Terrorismus zu verbessern, der Anonymität von Finanzmacht entgegenzuwirken, die natürlichen Ressourcen der Welt für die nächste Generation zu bewahren? Wird der einzelne Mensch in diesem System von Nähe und Weite seine Freiheit und Geborgenheit bewahren können? Die Antworten auf diese Fragen sind nicht einfach. Der bekannte Jurist Paul Kirchhof ist überzeugt: Auch wenn die Handlungsschwäche des Staates gerügt wird und die politischen Akteure vielfach in der Kritik stehen – zum Staat gibt es heute keine Alternative. Er legt nicht nur eine klare Problemanalyse, sondern auch ein Erneuerungskonzept vor, das bei der notwendigen Kritik nicht stehen bleibt, sondern Perspektiven der Erneuerung und Verbesserung formuliert. Ein Thema, das alle berührt – und ein Buch, das endlich ins Zentrum der Reformdebatte führt.

## Der Autor

Paul Kirchhof, Prof. Dr., Direktor des Instituts für Finanz- und Steuerrecht an der Ruprecht – Karls – Universität Heidelberg, Bundesverfassungsrichter a.D.

Paul Kirchhof

# Der Staat –
# eine Erneuerungs-
# aufgabe

HERDER

FREIBURG · BASEL · WIEN

Berliner Guardini-Lectures
Veranstaltet von der Katholischen Studentengemeinde
Maria Sedes Sapientiae
an der Humboldt-Universität zu Berlin
und der Katholischen Akademie Berlin.
Herausgegeben von
Thomas Brose und Susanne Schmidt

Satz: Barbara Herrmann, Freiburg
Druck und Bindung: fgb · freiburger graphische betriebe 2005
www.fgb.de
Umschlaggestaltung und Konzeption:
R·M·E München / Roland Eschlbeck, Liana Tuchel
Umschlagbild: Picture Press
ISBN 3-451-0555-4

# Inhalt

# I. Individuelle Freiheit und Gemeinschaft

Der Ruf nach dem Staat ist laut, die Geringschätzung des Staates lärmend, die Erwartung an den Staat überhöht und widersprüchlich. Der Staat soll seinen Friedenswillen in den Vereinten Nationen kraftvoll zur Wirkung bringen, sich aber nicht in internationale Streitigkeiten und Kriegshandlungen einbeziehen lassen. Er soll den Terrorismus verlässlich abwehren, aber die Privatsphäre der Bürger vorbehaltlos schützen; Arbeitslosen Arbeitsplätze anbieten, aber die Berufs- und Eigentümerfreiheit der Unternehmen sowie die Koalitionsfreiheit von Arbeitgeberverbänden und Gewerkschaften unangetastet lassen; Bildung und Forschung finanziell besser ausstatten, aber die Steuern senken; ein gleich bleibendes Niveau der Sozialversicherungsleistungen garantieren, die Lohnnebenkosten aber vermindern; durch mittelfristige Haushaltsplanung und Steuerschätzung Stetigkeit gewährleisten und dennoch auf Krisen kurzfristig reagieren; die Schulden abbauen, aber zugleich kraftvolle Investitionsimpulse geben.

Andererseits wird die Handlungsschwäche des Staates gerügt, der seine Hoheitsgewalt zu sehr auf Gemeinden, Länder, Bund und Europäische Union aufgeteilt hat, Entscheidungen immer mehr in die Mitbestimmungskompetenz gesellschaftlicher Gruppen gibt, eher das tagesaktuelle Problem löst als eine langfristige Struktur zu regeln und im Blick auf die jeweils nächste Wahl an ständiger Kurzsichtigkeit leidet. Die politischen Akteure scheinen oft von Bittstellern umzingelt, in einer Klientelwirtschaft gefangen, in einem

Geflecht von Begünstigungen und Benachteiligungen gebunden. Mancher Politiker scheint mehr bemüht, vom Erfolg seines Handelns in der Zeitung zu lesen, und ihn weniger am Gesetzblatt zu messen.

Die Machtverschiebung zwischen Deutschland und der
Europäischen Union, die bestimmende Kraft weltoffener
Märkte auch für staatliches Handeln, die Dominanz von
Parteien und Verbänden ist manchem kritischen Beobachter
Anlass, den Staat totzusagen, sein baldiges Sterben anzukün-
digen oder mit dem Stichwort des „poststaatlichen" Zeit-
alters den Staat zu einer vergangenen Erscheinung der Ge-
schichte zu erklären.

Dennoch gibt es heute zum Staat keine Alternative. Er
ist die einzige Organisation, die inneren und äußeren Frieden sichert, Freiheitsrechte in einer konkreten, unmittelbar
vollziehbaren Rechtsordnung gewährt und die den Menschen als seinen Bürgern die existenziellen Voraussetzungen
individuellen Lebens und Entfaltens erschließt. Deswegen
muss die notwendige Kritik am Staat bis zu konkreten Er-
neuerungsvorschlägen weitergedacht werden; sie darf den
Staat nicht schwächen oder gar gefährden, muss vielmehr
alle Kräfte sammeln, um ihn zu erneuern und zu verbessern.

Dieses Erneuerungskonzept gilt zunächst dem Freiheitsprinzip, das dem einzelnen Menschen die selbstbestimmte
Gestaltung seines Lebens anbietet, ihn aber nicht aus der
Rechtsgemeinschaft ausgrenzt und vereinzelt. Die Freiheitsrechte sind auch ein Instrument, um den demokratischen
Staat durch seine Bürger zu erneuern (zu I.). Sodann verpflichtet die freiheitliche Verfassung den Staat zur welt-
anschaulichen Neutralität, setzt dabei aber voraus, dass er
aus seiner Gesellschaft ethische Handlungsmaßstäbe und
eine Wertungsmitte gewinnt. Die freiheitliche Demokratie

ist konstitutionell bewusst geschwächt, um von nichtstaatlichen Institutionen Maßstäbe zur Anregung, Erneuerung und Kontrolle staatlichen Handelns zu empfangen (zu II.). Eines der wichtigsten Handlungsmittel zur Lenkung menschlichen Verhaltens ist das Geld. Der Staat wirkt heute vielfach mehr durch seine Finanzkraft als durch seine Rechtsetzungsgewalt. Die Macht zu besteuern und zu finanzieren ist aber verfassungsrechtlich schwerer zu formen und zu binden, die individuelle Freiheit gegenüber den Verlockungen eines Geldangebots schwerer zu verteidigen, so dass für den modernen Finanzstaat andere Maßstäbe entwickelt werden müssen als für den herkömmlichen Rechtsstaat (zu III.). Schließlich muss der Staat seine Hoheitsgewalt als Mitglied der Europäischen Union und Völkerrechtssubjekt in einem Geflecht zwischenstaatlicher Bindungen mit anderen teilen. Der Bürger begegnet seinem Staat nicht mehr als der alleinigen Quelle für das Setzen und Durchsetzen von Recht, sondern kann nur darauf hoffen, dass die ihn betreffende Gesamtrechtsordnung trotz ihrer unterschiedlichen Entstehensgründe, Zielsetzungen und Sprachen in seinem Staat gebündelt und als einheitliche Rechtsordnung vermittelt wird. Die Europa- und Weltoffenheit des Verfassungsstaates ist deshalb Chance und Auftrag zugleich (zu IV.).

## 1. Neue Fragen an den Staat

Der Staat sichert den Frieden, gewährt Freiheitsrechte und bietet die sozialen Grundlagen individuellen Lebens und freiheitlicher Entfaltung. Diese klassischen Aufgaben bestimmen auch heute den Wirkungsbereich eines Staates.

Der Staat ist in Zeiten der Bürgerkriege entstanden, als die Menschen im Kampf aller gegen alle sich selbst vernichtet haben. Deshalb wurde der Staat mit einem Monopol legitimer Gewalt eingerichtet, der dank dieser Hoheitsmacht den Krieg beendet und einen Bürgerfrieden begründet, bei Konflikten unter den Menschen nur eine Auseinandersetzung mit sprachlicher Gewalt gestattet, dabei auch Grundsatzstreitigkeiten – zwischen Kaiser und Fürst, Staat und Kirche, Wirtschaft und Militär, Ständen und Parlamenten – ausklammert und offen hält, so dass sich der Kampf um die Entscheidung erübrigt.

Wenn der Staat mit schützender Macht ausgestattet wird, gewinnt er die Gewalt zum Guten wie zum Bösen. Der Bürger sucht deshalb auch Schutz vor seinem Beschützer. Er bindet den Staat in einer übergeordneten Rechtsordnung, die dem einzelnen Menschen Freiheit garantiert. So beginnt der Verfassungsstaat, der die Staatsorgane als Garanten und als Gegner der Freiheit versteht und deswegen Grundrechte durch den Staat gewährt, der aber auch durch Gewaltenteilung, Gesetzesvorbehalt und Staatshaftung die Staatsgewalt zu mäßigen sucht.

Staatlich gewährte Sicherheit und Freiheit genügen dem einzelnen Menschen nicht, wenn ihm die tatsächlichen Voraussetzungen zur Freiheit fehlen. Wer in Freiheit zu verhungern droht, kann seine Freiheitsrechte nicht genießen. Deswegen unterstützt der Staat die Vorsorge für individuelle Lebensrisiken, insbesondere bei Krankheiten, fehlender Bildung, Arbeitslosigkeit und Altersgebrechlichkeit. Es entsteht der Sozialstaat, der jeden der ihm anvertrauten Menschen als Zugehörigen behandelt, ihn an den jeweils erreichten ökonomischen, kulturellen und rechtlichen Standards der Gesellschaft teilhaben lässt. Diese soziale Vorsorge suchte

1949 bei Erlass des Grundgesetzes dem Menschen Nahrung, Kleidung und ein Dach über dem Kopf zu sichern, heute gewährt sie in unserer reich gewordenen Gesellschaft auch das Telefon und das Fernsehgerät als allgemeine Bedingung der Freiheitskultur. Staatliche Daseinsvorsorge bietet dem einzelnen Menschen in den Entwicklungsländern eine Hand voll Reis, bei uns eine umfassende Gesundheitsbetreuung und auch die Möglichkeit zum Theaterbesuch.

Der Staat sieht sich in diesen klassischen Aufgaben heute neuartigen Bewährungsproben gegenüber: Wenn der Krieg durch Terrorismus ersetzt wird, der Angreifer aus dem Verborgenen kommt, sich gegen ein zufälliges Opfer wendet und um des Angriffs willen zur Selbstaufgabe bereit ist, wird das Recht diesen Täter mit seinen Pflichten und Sanktionen nicht erreichen; selbst die Androhung der Todesstrafe würde den suizidbereiten Angreifer nicht beeindrucken. Der Staat ist deshalb in seinem Friedensauftrag auf die elementare Aufgabe zurückgeworfen, bei den Menschen den Sinn für das Recht zu wecken, auch bei dem in Gruppenzugehörigkeit denkenden und handelnden Täter individuelle Verantwortlichkeit zu begründen, diese Rechtskultur in der Gemeinschaft der Staaten weltweit zu entfalten und so ein Weltkonzept des Friedens zu entwickeln, das äußeren Frieden aus innerem Frieden und aus der Verwirklichung der Menschenrechte entwickelt.

Die noch unvollendete Wiedervereinigung Deutschlands beauftragt den Staat, die Grundvoraussetzungen der Staatlichkeit – den Zusammenhalt des Staatsvolkes als Kulturgemeinschaft, das durch ähnliche Lebensverhältnisse bestimmte Staatsgebiet und eine von gemeinsamen, gelebten Rechtswerten geprägte Ausübung der Staatsgewalt – zu vertiefen und bewusst zu machen. Der innere Zusammenhalt des Staatsvolkes in seinem Verfassungsstaat wird erst gegenwärtig zur Selbstverständlichkeit. Zugleich rückt die Erweiterung der Europäischen Union um zehn Mitgliedstaaten Mittel- und Osteuropas Deutschland von einer Randlage in eine europäische Mittellage, die uns in Europa Kernaufgaben und Kernverantwortlichkeiten zuweist. Der Gedanke einer vom Staatsgebiet bestimmten „National"ökonomie, einer vom Staatsvolk getragenen „Volks"wirtschaft bleibt zwar wirksam, muss aber unter grundlegend veränderten Umständen verwirklicht werden.

Die Wissenschaft macht sich auf den Weg, die Identität des Menschen durch Veränderung von Erbinformationen in Frage zu stellen. Somit muss der Verfassungsstaat um eine seiner unverzichtbaren Grundannahmen, die Identität jedes Menschen, kämpfen. Er findet den Menschen in seiner Personalität und Individualität vor, spricht ihm in diesem Dasein und Sosein Würde zu und gewährt ihm Freiheit, erklärt den Menschen als Person und Persönlichkeit für unantastbar. Die Freiheitlichkeit des Staates bewährt sich hier in seiner Bereitschaft, das Vorgefundene als vorgegeben anzuerkennen. Wäre diese Identität des Menschen nunmehr biologisch-medizinisch nicht mehr gleichbleibend vorgegeben, verlöre der Verfassungsstaat ein Axiom, auf das der freiheitliche Rechtsstaat und die Demokratie aufbauen.

Die Realität der Märkte fordert vom Staat eine wirtschaftsrechtliche Neubesinnung. Die Garantie von Berufs- und Eigentümerfreiheit baut auf das Ideal eines Unternehmers, der sein Unternehmen selbst leitet und die Qualität seiner Leistung mit seinem Namen und seinem Vermögen verantwortet. Dieser Zusammenhang zwischen Eigentümermacht und Eigentümerverantwortung verflüchtigt sich umso mehr, je anonymer die Kapitalgesellschaften organisiert sind und Eigentümerfreiheiten auf Vorstand, Aufsichtsrat, Aktionäre und Kreditgeber aufteilen. Die Eigentümerverantwortung verliert sich gänzlich in der Allgemeinheit des Marktes, wenn das moderne Finanzkapital in Sekundenschnelle um den Erdball kreist, sich am Ort größter Renditehoffnungen platziert, dort Kapitalmacht einsetzt, mag sie nun Arzneimittel produzieren oder Waffen. Der Kapitalgeber sieht sich nicht mehr in einer rechtlichen Verantwortlichkeit für die Wirkungen seines Kapitals. Wenn das geistige Eigentum sich sodann einen Markt erschließt, in dem Urheberrechte, Filme oder Nachrichten entgeltlich zur Nutzung überlassen werden, fehlt diesem Markt die Mäßigung durch die Knappheit der Güter. Einkommen werden erzielt, ohne dass Waren hingegeben werden müssen. Dadurch wächst der Hang zur Maßlosigkeit, zur fast grenzenlosen Gewinnmaximierung, zur Spekulation. Der Neue Markt hat uns dies nachdrücklich gelehrt. Verantwortungseigentum und lauterer Wettbewerb scheinen hier durch die herkömmlichen Instrumente des Rechts kaum noch gewährleistet.

Wenn der Mensch allabendlich in seinem kleinen Welttheater des Fernsehgeräts die Kriege, Katastrophen und Rechtsverletzungen dieser Welt in lebhaften Bildern erlebt, er aber kaum von Maßstäben und Konzepten zur Verbesserung der Welt hört, wenn insbesondere unsere Kinder oft länger vor dem Fernsehgerät als vor ihrem Lehrer sitzen, sie vor der Programmvielfalt scheitern und als Zapper-Philipp die für sie geeignete Sendung verfehlen, hat der Staat seinen Bildungsauftrag dieser neuen Wirklichkeit anzupassen. Er muss den jungen Menschen Selbstbewusstsein, Gestaltungswillen und Zugehörigkeit vermitteln, die älteren auf ihre Freiheitsfähigkeit und Wirkungskraft verweisen, auch die Freiheit in Demokratie und Rechtsstaat lehren.

## 2. Freiheit als Angebot

Wichtigster Inhalt dieser Staatsverfassungen sind die Freiheitsrechte. Freiheitsrechte sind Angebote, die der Berechtigte wahrnehmen oder auch ausschlagen kann. Er entscheidet selbst, ob er das Angebot zur Ehe und zur Familie annimmt, also eine Ehe und eine Elternschaft begründen oder allein leben will. Er beteiligt sich im Rahmen der Berufs- und Eigentümerfreiheit freiwillig am Erwerbsleben und unterliegt keinesfalls einem Arbeits- und Erwerbszwang. Er entscheidet individuell, ob er sich wissenschaftlich für das Auffinden der Wahrheit anstrengen, künstlerisch das Schöne in Formensprache ausdrücken, religiös die Frage nach dem Unauffindbaren stellen will. Und auch die Demokratie gewährt nur ein Wahlrecht, sie begründet keine Wahlpflicht.

Dennoch sind die Rechtsgemeinschaft und der Staat darauf angewiesen, dass die Mehrzahl der Berechtigten von sich aus die Freiheitsangebote annimmt und im Kind die Zukunft der Gemeinschaft sichert, dass sie im Erwerbsstreben der sozialen Marktwirtschaft und auch dem Finanz- und Steuerstaat eine Grundlage erwirtschaftet sowie in der Anstrengung für Wissenschaft, Kunst und Religion dem Kulturstaat Gesicht, Sprache und Handlungsfähigkeit gibt. Und die Demokratie muss gegenwärtig wieder bewusst machen, dass ihre Legitimations- und Gestaltungskraft schwindet, je weniger Wahlberechtigte sich an den Wahlen beteiligen und damit die Abgeordneten und das Parlament als ihre Repräsentanten anerkennen.

Eine freiheitliche Staatsverfassung wird deshalb nur in Hochkulturen gelingen, in denen die Menschen dank innerer Bindung zur Freiheit bereit und kraft ihrer Ausbildung und

Bildung zur Freiheit fähig sind. Freiheit baut deshalb auf Religion und Kirche, die menschlichen Freiheitssinn und Verantwortlichkeitsmaßstäbe vermitteln, auf Familie und Elternschaft, die Freiheitserfahrung, Lebensklugheit und Kulturtradition an die nächste Generation weitergeben, und schließlich auf Schule und Wissenschaft, die Berufswissen, Lebenswissen und Kulturwissen erforschen und lehren.

Dabei wird vor allem die Erfahrung weitergegeben, dass der Mensch in einer Rechtsgemeinschaft nicht Freiheit, sondern Freiheitsrechte beanspruchen darf, dass das Recht aber stets auf einen anderen trifft, der das gleiche Rechte hat und auf den die Freiheitswahrnehmung abgestimmt werden muss, wenn sie auch ihn betrifft. Ein Freiheitsrecht ist deshalb ein Recht zur Beliebigkeit nur dann, wenn die kleinen Gegenwartsfreiheiten angenommen werden, die nur den Freiheitsberechtigten selbst berühren. Er wählt heute ein Glas Wein und morgen ein Glas Bier, fährt heute mit dem Auto und geht morgen zu Fuß, liest heute ein Buch und besucht morgen eine Ausstellung. Für diese Selbstbestimmung über eigenes Verhalten schuldet der Freiheitsberechtigte niemandem Rechenschaft. Würde der Staat nach dem Warum fragen, würde der freiheitsbewusste Mensch jede Antwort verweigern.

Für die individuelle Biografie wie für das Gemeinschaftsleben wesentlicher allerdings sind die großen Zukunftsfreiheiten, bei deren Wahrnehmung der Mensch im ersten Schritt frei, im zweiten hingegen gebunden ist. Diese Freiheiten bieten das Recht zur langfristigen Bindung, weil andere Menschen von der Ausübung der Freiheitsrechte mit betroffen sind: Der Student studiert viele Semester, um mit den so erworbenen Kenntnissen einen Lebensberuf für andere auszuüben. Der Unternehmer gründet eine Firma, die auch der Freiheit der Kunden, der Arbeitnehmer und der Vorlieferanten eine Grundlage bietet. Der Mensch baut ein Haus in einer Standsicherheit, die auch seinen Kindern und Enkelkindern dort noch ein Wohnen erlaubt. Die Eltern entscheiden sich für ein Kind und übernehmen damit eine unkündbare und unscheidbare lebenslängliche Elternverantwortlichkeit. Bei der Wahrnehmung dieser Zukunftsfreiheiten erschließt sich der Berechtigte einen neuen Lebensbereich und erweitert damit seine Freiheit wesentlich, muss sich dabei aber auch in Verantwortlichkeit gegenüber den mitbetroffenen Menschen rechtlich binden.

Würde ein Freiheitsberechtigter diese Bindungen abwehren und allein in der Gegenwartsfreiheit zur Beliebigkeit verharren wollen, so blieben ihm viele Türen zu Gärten der Freiheit versperrt. Wer nicht das Glück von Ehe und Familie, von Berufstätigkeit, von Firmengründung oder Hausbau erfährt, lebt in einem viel engeren Freiheitsbereich als derjenige, der sich in Freiheitsanstrengung, persönlicher Qualifikation und Bindungsbereitschaft weitere Freiheiten erschließt. Freiheit setzt damit auch auf eine Kultur, die zur Nachhaltigkeit, zur langfristigen Selbstbindung, zur verantworteten Freiheit befähigt.

Werden die Grundrechte so wieder als Rechte verstanden und in der Freiheit zur langfristigen Bindung wahrgenommen, so grenzt Freiheit den Berechtigten nicht aus der Rechtsgemeinschaft aus, entlässt ihn nicht in eine selbstgenügsame Vereinzelung, sondern stärkt seine Zugehörigkeit zu Staatsvolk und Staat und stützt auch die demokratische Verantwortlichkeit des Staatsbürgers für sein Gemeinwesen. Freiheitsrechte bestimmen über die Art und Weise menschlicher Begegnung, sie sichern nicht einen Weg zu Einsamkeit und Distanz.

Allerdings entspricht der Mensch nicht immer dem Ideal des selbstbestimmten, gestaltungsfreudigen, urteilsfähigen Freien, sondern ist häufig abhängig und hilfsbedürftig. Das Kind ist zunächst auf die Ernährung und Betreuung durch die Mutter angewiesen, empfängt von ihr die Muttersprache, wird von den Eltern eingeführt in eine stetig wachsende und anspruchsvoller werdende Gemeinschaft der Familie, der Nachbarschaft, der Kirche, des Sports, des Wirtschaftslebens und der Kultur, wird in Schule und Ausbildungsstätte unterrichtet und erzogen, ist in unserem System arbeitsteiligen Wirtschaftens und Versorgens auf Leistungen anderer angewiesen, stützt sich bei Krankheit und Altersgebrechlichkeit auf eine helfende Hand und braucht in Fällen jeglicher Not Beistand und Unterhalt durch Dritte. Das Freiheitsrecht gewährt hier nicht Freiheit vom Staat oder vom Einfluss anderer, sondern Freiheit durch andere, es ereignet sich nur in der Verantwortlichkeit oder rechtlichen Verpflichtung Dritter. Das Grundgesetz schützt deshalb die Freiheit der Kinder durch ein Elternrecht, das ausdrücklich auch Elternpflicht ist.

## 3. Freiheit im Vertrauen auf eine Verfassung

Ein Zusammenleben in Freiheit stützt sich somit auf das Vertrauen, dass die Freiheitsberechtigten die Freiheitsangebote annehmen, Freiheit als Recht – in Verantwortlichkeit dem mitbetroffenen Partner gegenüber – wahrnehmen und dass sie deshalb den Schwachen und Hilfsbedürftigen schützen. Der Mensch vertraut einem anderen nur, wenn er ihm vertraut ist – wenn er die Erfahrung gewonnen hat, dass vom anderen keine Täuschung oder Verletzung droht, sondern dass man ihm offen und unbeschwert begegnen kann, er also verantwortlich handelt.

Eine Grundlage dieses Vertrauens bietet die Verfassung. Das Grundgesetz ist das Gedächtnis der Demokratie, das die Mindestanforderungen menschlichen Zusammenlebens rechtsverbindlich regelt, jedermann auf diese rechtliche Ordnung verpflichtet und dem Staat Autorität und Organe gibt, um dieses Recht zu setzen und durchzusetzen. Freiheit ereignet sich im Rahmen dieser Verfassung, findet dort ihr Fundament gemeinsamer Werte, gewinnt in den unverletzlichen und unveräußerlichen Rechten und Institutionen eine geistige, prinzipielle Orientierung und konkrete, praktische Verhaltensvorgaben. Die Verfassung gibt erprobte Werte, bewährte Institutionen und verlässliche politische Erfahrung rechtsverbindlich an die Zukunft weiter. Die Vorschriften sind Nachschriften von historischen Erfahrungen, menschlichen Einsichten, gemeinsamen Wertungen, aber auch Vorausschriften von Lebensregeln, die Vorrang vor individuellem Wollen und tagesaktuellen Rechtssätzen beanspruchen und die auch Vorbehalte für das zukünftige Setzen und Durchsetzen von Recht begründen.

Ausgangspunkt und Mitte dieser Verfassung ist die Garantie der Menschenwürde. Jeder Mensch hat Würde, allein weil er existiert. Mag er reich oder arm, mächtig oder ohnmächtig, gesund oder krank, erfolgreich oder erfolglos, Mann oder Frau, Inländer oder Ausländer sein, er ist in seinem Dasein und Sosein in dieser Rechtsordnung willkommen. Diese Würde ist der Wert, der die Verfassungsordnung zusammenhält. Der Verfassungsstaat und seine Ordnung erkennen jeden Menschen als Zugehörigen an. Er ist dem Staat anvertraut – er wird nicht ausgegrenzt, nicht geächtet, nicht entrechtet und verfolgt, sondern als Mensch rechtlich geschützt, als Person zu einem Rechtssubjekt gemacht, das Rechte erwerben und sich am Rechtsleben beteiligen kann, und als Persönlichkeit in ihrer freien Entfaltung geachtet und anerkannt wird.

Diese Idee der Menschenwürde hat in der christlichen Lehre vom Menschen als *imago dei* ihren Ursprung. Nicht nur König und Fürst, sondern jeder Mensch beansprucht Ebenbildlichkeit Gottes und damit Personalität, Individualität und Freiheit. Diese christliche Lehre von der Würde jedes Menschen ist der radikalste und wirksamste Gleichheitssatz der Geschichte, weil er jedem Menschen einen gleichen rechtlichen und sozialen Status zuspricht und in diesem Status Freiheit gewährt und Verantwortlichkeit erwartet. Der christliche Fundamentalgedanke von der Menschenwürde ist seit mehr als zweitausend Jahren erprobt und bewährt, stützt sich auf die römische Lehre von der *dignitas*, ist später im Humanismus, in der Aufklärung, in den sozialen Bewegungen des 19. Jahrhunderts erprobt und verdeutlicht worden und bildet heute die unverzichtbare Kernaussage aller Verfassungsstaaten. Und das Wort ist Fleisch geworden: Der *logos*, das *verbum*, das Wort, die *thora*, greift über von der Gesetzestafel auf den Menschen und gewinnt dort Leben, Gestaltungskraft, die Macht zu binden und zu vollstrecken.

Wegen dieser Menschenwürde „bekennt" sich das deutsche Volk zu den unverletzlichen und unveräußerlichen Menschenrechten als Grundlage jeder menschlichen Gemeinschaft, des Friedens und der Gerechtigkeit in der Welt. Am Anfang einer Verfassung, die auf Rationalität, Nachvollziehbarkeit und gerichtliche Kontrolle angelegt ist, steht das Axiom der Menschenwürde; die Erkennensordnung beginnt mit einem Bekennen. Dieses Bekenntnis bestimmt das

Grundgesetz in seiner Identität. Diese Verfassung kann in einzelnen Aussagen verändert werden. Eine Änderung des Grundgesetzes aber, die das Axiom der unantastbaren Menschenwürde berührt, nähme dem Grundgesetz seine Mitte und ist deshalb unzulässig. Das Grundgesetz sucht in seiner Schlussbestimmung die aus der Menschenwürde folgenden Prinzipien von Freiheit und Demokratie sogar für den Fall der Verfassungsablösung, der revolutionären Ersetzung dieser Verfassung durch eine andere, zu bewahren.

Unsere Verfassung muss sich gegenwärtig allerdings nicht in Revolutionen bewähren, sondern in ihrer Offenheit gegenüber anderen Kulturen. Die modernen Möglichkeiten weltweiten Reisens, Begegnens und Tauschens bieten die Freiheitschancen, sich durch fremde Kulturen anregen, durch das Unvertraute herausfordern und erneuern zu lassen. Allerdings setzt die Freiheit für das Ungewohnte und Andersartige die Sicherheit im Eigenen, die Unverbrüchlichkeit und Unverletzlichkeit der eigenen Verfassung voraus. Die multikulturelle Gesellschaft ist offen, gestattet aber keinen Wettbewerb der Kulturen um den Inhalt der Verfassung. Offenheit setzt Freiheit voraus und Freiheit braucht eine freiheitliche, demokratische Verfassung.

Die Forderung, kulturelle Offenheit und Vielfalt müssten eine stetige Verfassung bewahren, wird einsichtig, wenn wir sie ins Konkrete wenden: Unsere Verfassung spricht jedem Menschen, auch dem Andersdenkenden und politischen Gegner, die gleiche Würde zu; andere Staaten definieren den politischen Gegner als „Schädling", den es zu vernichten gilt, und treten deshalb der Rot-Kreuz-Konvention nicht bei. Unsere Verfassung anerkennt die Würde jedes Menschen und garantiert deshalb die Gleichberechtigung von Mann und Frau; andere Kulturen erwarten von den Frauen, dass sie dem Manne ein Leben lang dienen. Unsere Verfassung kennt das demokratische Prinzip der Macht auf Zeit, der Abwählbarkeit der Mächtigen; andere Staaten erwarten, dass die Menschen dem Staatsführer ein Leben lang huldigen. Freiheitliche Verfassungen kennen die Religionsfreiheit für jedermann, andere Verfassungen begründen eine Staatsreligion, die den Austritt aus der jeweiligen Religionsgemeinschaft mit Strafe bedroht. Das Grundgesetz garantiert das privatnützige Eigentum, andere Verfassungen behalten dem Einzelnen unter dem Stichwort des „Volkseigentums" das Eigene vor.

Viele weitere Verfassungsinhalte – insbesondere die Freiheit von Wissenschaft und Kunst, Ehe und Familie, Medien und Erwerbswirtschaft, Wohnung und Privatsphäre – belegen, dass das Grundgesetz in seinen Kerngewährleistungen nicht zur Disposition steht und dass die freiheitliche Demokratie wehrhaft ist, wenn sie sich gegenüber anderen Rechtsordnungen bewähren muss. Kulturelle Offenheit setzt die Sicherheit in der eigenen Rechtskultur voraus. Toleranz braucht den eigenen verlässlichen Standpunkt, der selbstbewusst und deshalb gelassen verteidigt wird.

## 4. Freiheitsschutz durch einen starken Staat

Das Freiheitsrecht zur Begegnung mit anderen freien Menschen braucht also einen Staat, der die Freiheitsrechte gegen Gegner der Freiheit durchsetzt. Das Entstehen des Staates im Bürgerkrieg lehrt, dass die Staatsgewalt als Garant inneren Friedens erst Freiheit ermöglicht. Der Alltag von Kriminalität und Vertragsbruch lehrt, dass die freiheitliche Begegnung ohne Staatsanwalt und staatliche Gerichte nicht gelingen wird. Internationale Konflikte erinnern daran, dass gerade die Kultur- und Wirtschaftserfolge freiheitlicher Gesellschaften Begehrlichkeiten wecken und deshalb durch den freiheitlichen Staat auch gegen andere Staaten verteidigt werden müssen. Die Instrumente dieser Verteidigung bietet das Recht mit seiner innerstaatlichen Friedensordnung, dem europäischen Staatenverbund, den Vereinten Nationen und dem sonstigen Völkerrecht, aber auch mit dem Anspruch eines staatlichen Gewaltmonopols, das Recht bewahrt und durchsetzt und deshalb die Rechtstreue aller beteiligten Menschen fordert. Freiheit wird zur Willkür, wenn sie nicht rechtlich gebunden ist.

Freiheit setzt deshalb auf einen Rechtsstaat. Recht beansprucht Geltung und muss diesen Geltungsanspruch notfalls durch staatliche Organe erzwingen. Würde aber das Recht nur befolgt, weil es jeweils erzwungen ist, würde der Rechtszwang in seiner Häufigkeit und Intensität Freiheit widerlegen und am freiheitsbewussten Menschen scheitern. Recht und Staat setzen deshalb die Bereitschaft der Gemeinschaft zu Frieden, bindenden Werten, zu Pflicht und Grenze voraus. Das einsichtige und vertraute Recht wird von den Menschen angenommen, die Demokratie von den Bürgern gelebt, weil eine gemeinsame Wertekultur Rechtsgemeinschaft und Staatsvolk zusammenhält. Die Autorität des Rechts gründet auf seiner Überzeugungskraft.

Der Verfassungsstaat muss seine Verfassungskraft einsetzen, um das Recht und seine Entwicklung gegenüber Wirtschaft, Medien und einer zur Vereinzelung neigenden Gesellschaft zur Wirkung zu bringen. Dabei hat er weniger, wie in den Gründerzeiten des Staates, für die Beachtung der verbindlichen Regeln zu kämpfen; mächtige Gruppen im Staat haben schon erreicht, dass die Parlamente das

Recht nach ihren Wünschen umgestalten. Die Rechtsordnung regelt nicht mehr nur die allgemeine und einfache Struktur des Zusammenlebens, sondern befriedigt tagesaktuelle Regelungsbedürfnisse und gruppennützige Rechtsanliegen. Aus der rechtlichen Grundsatzordnung wird eine überquellende Fülle von Detailregelungen mit Besonderheiten, Ausnahmen, Privilegien und Bevorzugungen. Die Gleichheit vor dem allgemeinen Gesetz und das Verbot der Einzelfallgesetze verlieren an praktischer Wirksamkeit.

Gegenüber der Privatwirtschaft und ihren mächtigen Verbänden hat der Staat insbesondere seine freiheitssichernde Geradlinigkeit im Steuerrecht, im Arbeitsrecht und im Sozialrecht verloren. Das Steuerrecht folgt zunehmend dem Anliegen einer Klientelwirtschaft, die durch eine Fülle von Vergünstigungen und Bevorzugungen Menschen an den Staat und an eine Politik zu binden versucht, wobei sie sich jedoch in diesem Privilegiensystem fast bis zur Handlungsunfähigkeit verheddert: Der Beschenkte ist nicht dankbar, sondern verlangt mehr; der Schenker hat Beifall empfangen und hofft auf weiteren Applaus. So dreht sich die Spirale wachsender, oft auch widersprüchlicher Steuerbevorzugungen immer weiter. Fast jeder Steuerpflichtige glaubt, sein Privileg mache ihn zum Privilegierten, ohne zu ahnen, dass die Privilegien seines Nachbarn oder Konkurrenten zahlreicher sind und er deshalb durch einen Verzicht auf alle Privilegien steuerlich besser gestellt würde. Zudem kauft der Staat dem Begünstigten ein Stück seiner Freiheit wieder ab, wenn er einen Steuervorteil davon abhängig macht, dass der Steuerpflichtige in den Schiffsbau, den Denkmalschutz, den Filmfonds oder das Windrad investiert, er also Verhaltensweisen wählt, für die er sich selbst aus eigener ökonomischer Vernunft so nicht entscheiden würde.

Wenn der Steuerpflichtige sich schließlich noch in Verlustzuweisungsgesellschaften rechtlich bindet, deren ausschließlicher Zweck das Produzieren von Verlusten ist, so hat der Freiheitsberechtigte seine Freiheit zur ökonomischen Vernunft gänzlich aufgegeben.

Im Arbeitsrecht dominiert das von den Verbänden vereinbarte kollektive Recht deutlich über den individuell abgeschlossenen Arbeitsvertrag. Die von Arbeitgeberverbänden und Gewerkschaften vereinbarten Tarifverträge haben das historische Verdienst, die Schwäche des Arbeitnehmers gegenüber dem Arbeitgeber ausgeglichen zu haben. Heute aber schützt diese Verbandstruktur oft eher den hohen Lohn- und Sozialversicherungsanspruch der Arbeitnehmer zu Lasten der jungen Nachfrager nach einem Arbeitsplatz und der sonstigen Arbeitslosen. Dadurch wird der im Arbeitsleben Schwache und Schutzbedürftige falsch definiert. Aus dem Schutz des Schwächeren wird ein Besitzstand der Etablierten.

Auch die Erneuerung des sozialen Sicherungssystems verlangt vom Staat, den Freiheitsberechtigten wieder auf die Freiheitserwartung der Rechtsgemeinschaft zu verweisen. Der „Generationenvertrag" wird die Leistungsversprechen nur erfüllen können, wenn der zweite Vertragspartner, die nächste Generation, in ausreichender Zahl geboren worden ist, die Menschen also ihre Freiheit zum Kind vermehrt wahrnehmen. Sodann darf das soziale Sicherungssystem nicht genutzt werden, um durch Frühverrentung und Entlassung Betriebssanierungen im Sozialsystem zu finanzieren, um also ein Sanierungsproblem auf die Sozialversicherung abzuwälzen. Schließlich hat jedes Kollektiv und jedes weitgehend anonym finanzierte Leistungssystem den Hang, neuen Finanzbedarf zu entwickeln, Macht und Reichtum der Finanzfonds und ihrer Herrscher zu mehren und die Frage nach einer Entlastung der Systeme und ihrer Beitragszahler möglichst zu unterbinden.

Deshalb muss der Staat den rechtlichen Rahmen einer freiheitlichen Gesellschaft so erneuern, dass jeder Steuerpflichtige, der den Inlandsmarkt mit seiner Rechts- und Währungsordnung, seinen gut ausgebildeten Arbeitskräften und seiner Kaufkraft genutzt hat, auch tatsächlich und unausweichlich zur Finanzierung dieses Staates beiträgt. Das kollektive Arbeitsrecht muss vom Staat so gelockert und für Individualvereinbarungen geöffnet werden, dass die Schwachen – die Arbeitslosen und Berufseinsteiger – gegenüber den Starken eine faire Chance bekommen. Das Recht der sozialen Sicherung ist vom Staat so umzugestalten, dass diejenigen, die zum Generationenvertrag am meisten beigetragen haben, die Eltern und herkömmlich die Mütter, die besten Ansprüche erhalten, so dass die Sicherung gegen individuelle Not auch sozialrechtlich in der Familie ihren Ursprung findet. Hier muss der Staat Stärke gegenüber privater Mächtigkeit beweisen und die Anliegen der *res publica* gegenüber Verbands- und Gruppenzielen durchsetzen.

Diese Gestaltungskraft des Staates hängt von der Einsichtigkeit des Rechts, vom Ansehen der Politiker, von der gelebten Demokratie ab. Damit liegen Chancen und Risiken einer freiheitlichen Demokratie vielfach in Händen der Medien. Die Freiheit der Meinungsäußerung, die Freiheit von Wort und Bild auch der Medienorganisationen ist ein wesentlicher Inhalt freiheitlichen Begegnens und Austauschens. Zugleich bietet die Freiheit der Medien die beste Gewähr, dass der Bürger über Staat und Gemeinschaftsleben gut informiert ist, dass er die programmatischen und personellen Alternativen der politischen Parteien kennt und beim Kommentar für Deutungs- und Verstehensalternativen nachdenklich wird. Ebenso aber kann die Macht des Wortes und des Bildes diffamieren und zerstören. Meister des Wortes wie Heinrich Böll oder Jean-Paul Sartre haben in der „Katharina Blum" und im „Nekrassow" gezeigt, wie der Pranger der Medien einen Menschen zerstören oder seiner Identität berauben kann. Wer über einen Menschen, den er persönlich nicht kennt, ständig etwas Verächtliches oder Vorwerfbares liest, wird diesen Menschen aus dem Blickwinkel dessen beurteilen, der die Feder oder das Mikrofon in der Hand hat. Die Macht des Bildes kann sich jeder bewusst machen, der abends Fernsehnachrichten ohne Ton anschaut und dabei erlebt, wie der eine Politiker im Glanz von Lächeln, Staatssymbolen und Publikumsbeifall präsentiert, der andere übermüdet, in der Hast seines Weges, umringt von Kritikern vorgeführt wird.

Die politischen Parteien tun ein Übriges, um den politischen Gegner als unbegabt, verblendet, eigennützig, sogar als korrupt und kriminell darzustellen und um die andere Partei mit Szenen der Intrige, des Ränkespiels, der Kleinlichkeit, der Staats- und Zukunftsvergessenheit, auch des Unsozialen, der Umweltausbeutung oder der Kinder- und Familienfeindlichkeit zu verbinden. In diesen Darstellungen steckt oft ein Stück berechtigter Kritik. Das Problem liegt in der Personalisierung und Übersteigerung. Während das Wirtschaftsunternehmen in einem harten Wettbewerb nach guter kaufmännischer Gepflogenheit und einem Gesetz gegen den unlauteren Wettbewerb die eigene Leistung und sich selbst preist, nicht aber Personal und Produkte der Konkurrenz herabwürdigt, kennt der politische Wettbewerb diesen Stil von Leistungswettbewerb und Lauterkeit nicht. Wenn aber das Führungspersonal der Politik sich wechselseitig gering schätzt und sich Geringschätzungen durch die Medien fast widerstandslos bieten lässt, erfasst diese Einschätzung letztlich auch die staatlichen Institutionen, schreckt den politischen Führungsnachwuchs ab und lässt den Wähler in der Bereitschaft ermüden, den Gewählten zu legitimieren.

Auch hier wird der Staat seine rechtliche Gestaltungsmacht einsetzen müssen, um zu dem Prinzip der Freiheitsrechte zurückzufinden. Deshalb muss sich jeder Mensch – auch der Prominente und Politiker – eine geschützte Privatsphäre bewahren können, in der er nicht gesehen, nicht fotografiert und nicht kommentiert wird. Sodann könnte der Staat freiheitliche Selbstkontrollmechanismen der Journalisten und Medien anregen, in denen jeder Berichterstatter, jeder Kommentator und Regisseur in einem Jahresrückblick verantwortet, warum er berichtet oder geschwiegen, gelobt oder getadelt, gehofft oder befürchtet, wiederholt oder abgebrochen hat. Diese Selbstkontrolle unter Journalisten könnte Maßstäbe bilden und Verantwortlichkeiten stärken, ohne dass der freiheitsverpflichtete Staat Freiheitsgrenzen rechtlich neu definieren müsste.

Der Staat hat auch ins Bewusstsein zu rücken, dass Freiheitsrechte nicht die Vereinzelung, sondern die Begegnung meinen. Wenn viele Menschen glauben, ihr Berufs- und Privatleben als Individuum gestalten zu können, werden sie erleben müssen, dass die Beschränkung auf die berufliche Arbeitnehmerpflicht, die Freizeitgestaltung durch Sport- und Kulturorganisationen sowie das Fernsehen die mitmenschliche Begegnung in Flüchtigkeit und Wechsel, mithin den Erlebnisbereich des Menschen wesentlich verkürzt. Wer Ehe und Familie nicht erlebt, wer seine Gestaltungskraft für die eigene Wohnung und den eigenen Garten nicht genutzt und auch seine berufliche Leistungskraft niemals außerhalb des fremdbestimmten Arbeitsplatzes eingesetzt hat, der hat viele Gärten der Freiheit nicht betreten und damit seinen Freiheitsraum wesentlich verkürzt. Wer ohne bewusste Entscheidung in eine Entwicklung hineinstolpert, die ihn immer mehr aus seiner privaten Bindung löst und oft ein Einkommen ohne besondere Anstrengung liefert, wird einen Lebensweg ohne herausragende Anstrengung, ohne intensive Erlebnisse beschreiten. Montesquieu hat den Untergang Roms vor allem dadurch erklärt, dass die Römer vom Staat ein anstrengungsloses Einkommen und lebenslängliche Sicherung erwarteten und sie deshalb die Sicherheit in ihren Familien vernachlässigten. Die Stärke des freiheitlichen Staates liegt auch in der Gebundenheit der Freiheitsberechtigten in ihren Familien und im Erfolg individueller Erwerbsanstrengungen.

## 5. Das Parlament als Mitte einer repräsentativen Demokratie

Die Freiheit des Einzelnen sichert nicht nur das Recht auf Freiheit in der Begegnung und Auseinandersetzung mit anderen Menschen, sondern auch den selbstbestimmten Einfluss auf den Staat. Die Brücke zwischen individueller Freiheit und Staatsgewalt schlägt insoweit das Demokratieprinzip. Demokratie meint Herrschaft durch das Volk und für das Volk, und erkennt selbstverständlich an, dass in einer Rechtsgemeinschaft nicht jeder in eigener Sache selbst entscheiden kann. Friedensgemeinschaft und Recht entstehen erst, wenn Selbstbestimmung sich in eine vorgegebene Ordnung einbettet. Würden die Autofahrer bei jeder Begegnung mit dem entgegenkommenden Fahrer auf eine individuelle

Verständigung angewiesen sein, wer nach rechts und wer nach links ausweicht, würde aus der Bewegungsfreiheit Stau und Stillstand. Erst wenn eine Straßenverkehrsordnung regelt, dass rechts gefahren und links überholt wird, dass Straßen im Gemeingebrauch für jedermann gebaut und finanziert werden und dass die Einzelfahrzeuge allgemeinen Sicherheitsstandards entsprechen müssen, ereignet sich die Bewegungsfreiheit des Einzelnen in der Sicherheit und Leichtigkeit des allgemeinen Straßenverkehrs. Wenn die Unterscheidung zwischen Mein und Dein in einer klaren Eigentumsordnung vorgegeben, die Berufsfreiheit in Berufsbildern und seinen Qualifikationserfordernissen vorgezeichnet, die Gründung von Ehe, Familie oder Unternehmen in erprobten Rechtsinstituten erleichtert, die Rechtsbeziehung zwischen Bürger und Staat in einem Wahlrecht, einem Steuerrecht und einem Polizeirecht definiert sind, ermöglicht das Recht Freiheit und braucht in dieser Freiheitsvorsorge auch Definitionen und Schranken.

Freiheit im demokratischen Staat wehrt also nicht staatliche Entscheidungsautorität und den Geltungsanspruch des staatlichen Rechts ab, sondern fordert die Staatsgewalt als Quelle und Garanten der Freiheitsordnung. Diese Aufgabe kann der Staat nicht in Volksversammlungen und Volksabstimmungen erfüllen, weil dort die Mehrheit bestimmt, der Mehrheitsentscheid also die Minderheit unterwirft, während der freiheitliche Staat stets den Einzelnen in seinen Grundrechten auch gegen die Mehrheit schützt. Außerdem können sich Entscheidungssachverstand, Gemeinwohlfähigkeit in Distanz zur eigenen Sache, autoritative Konfliktschlichtung und eine die Individualanliegen übergreifende Gesamtordnung nur entfalten, wenn das Staatsvolk im Parlament repräsentiert wird, der Repräsentant dann aber für das Volk entscheidet. Die freiheitliche Demokratie zielt deshalb auf eine Staatsgewalt des Staatsvolkes, die in der Wahl der Volksrepräsentanten, weniger in Abstimmungen über Sachfragen ausgeübt wird.

Aufgabe des Parlaments ist es vor allem, eine widerspruchsfreie, in sich stimmige Gesamtrechtsordnung nach den Prinzipien von Freiheit, Demokratie, Sozialstaatlichkeit und Republik zu entwickeln. Für den einzelnen Bürger bieten die Teilrechtsordnungen eine wesentliche Freiheitsgrundlage, weil sie dem Freiheitsberechtigten die Sicherheit geben, in dem ihm vertrauten Sonderrecht einen abschließenden Maßstab zu finden. Wenn der Straßenverkehrsteilnehmer die Straßenverkehrsordnung, der Lehrer das Schulrecht, der Gewerbetreibende das Gewerberecht beachtet, wissen sie sich für den jeweiligen Lebensbereich auf der sicheren Seite des Rechts. Müssten sie alle Fragen der Gesamtrechtsordnung bedenken – und etwa die Umweltverträglichkeit der von ihnen genutzten, zugelassen Instrumente selbst prüfen, die Folgewirkungen ihres Verhaltens für den Arbeitsmarkt persönlich verantworten, die Unbedenklichkeit des von ihnen genutzten Rechts im Rahmen der Europäischen Union selbst prüfen –, so würde die Vielfalt der rechtlichen Aufgaben und Perspektiven entmutigen, teilweise sogar freiheitliche Initiativen gänzlich ersticken.

Das Parlament hingegen trifft die Verantwortlichkeit für den inneren Zusammenhalt der Rechtsordnung, den schonenden Ausgleich gegenläufiger Interessen, für die Abstimmung individueller Freiheitsanliegen und gemeinschaftlicher Verantwortlichkeit. Das Parlament braucht dabei die Entscheidungskraft, auch gegen Einzel- und Gruppeninteressen zu entscheiden, ebenso individuelle Freiheitsrechte gegen eine Mehrheit zur Wirkung zu bringen. Es muss die innere

Souveränität und Unbefangenheit für das allgemeindienliche Recht bewahren, obwohl ihm dieses eher selten in Gestalt von Personen, Gruppen oder Verbänden als Gesprächspartner begegnet.

Deshalb behält die Verfassung die wesentlichen Entscheidungen dem Parlament vor. Die Demokratie findet ihre Entscheidungsmitte in diesen unmittelbar gewählten Repräsentanten des Staatsvolkes. Die regelmäßige Neuwahl des Parlaments hält die parlamentarische Demokratie erneuerungsfähig, wie das Prinzip der Freiheit die Gesellschaft für die Entwicklung zum Besseren offen hält.

Allerdings ist dieser demokratische Staat von einer Entwicklung zur Entparlamentarisierung bedroht. Viele Entscheidungen des Parlaments werden in außerparlamentarischen Arbeitskreisen, in Koalitionsvereinbarungen, Parteizirkeln oder an der „Basis" einer Parteiversammlung getroffen. Die Gesetzgebungsdebatte verlagert sich vom Parlament in die Fernsehstudios, richtet sich weniger an den Abgeordneten als an das Publikum, verharrt in der Allgemeinheit des Wünschbaren und Beifallträchtigen und verfehlt die Bestimmtheit und Rationalität einer Gesetzesdebatte. Ein Teil der Entscheidungen wird der Wissenschaft vorbehalten, auch wenn sie nicht Erkenntnis, sondern Willenskraft fordert. Das verfassungsrechtliche Modell der Bundesbank und der Europäischen Zentralbank, die als Sachverständigengremien zum Schutz der Geldwertstabilität gegen parlamentarischen Einfluss abgeschirmt werden, hat sich in der Geldpolitik bewährt, darf aber nicht verallgemeinert werden. Wer die Entscheidung über die Abgeordnetendiäten, die Parteienfinanzierung, die Rundfunkgebühren oder eine Rentenerhöhung nicht mehr dem Parlament zutraut, weil es nicht hinreichend Unbefangenheit und Distanz zum Thema habe, verkennt Aufgaben und Legitimation des Parlaments: Im Parlament regiert sich das Volk selbst, entscheidet in eigener Sache und handelt im Zusammenhalt einer Kulturgemeinschaft, die für sich Recht setzt und durchsetzt. Diese Entscheidungen sind keine Entscheidungen des Richters, der in Distanz zum Sachverhalt und in Unbefangenheit zu den beteiligten Personen Recht spricht. Sie sind Rechtsetzungen, die vom Staatsvolk und damit vom Rechtsbetroffenen getragen und mittelbar verantwortet werden. Die geschlossene Werteordnung des Mittelalters sprach dem Herrscher auch bei der Rechtsetzung die höhere Autorität und bessere Kenntnis des Wissenden zu; er handelte auch bei der Rechtsetzung als Richter. Als dieses Einheitssystem autoritativer Wertung zerbrach und dem Freiheitssystem wich, fielen Wissen und Wollen, Wahrheit und willentliche Entscheidung auseinander. Auch der Wille des Herrschers konnte Willkür sein. Diese Erkenntnis weist den Weg zur parlamentarischen Demokratie, in der sich die Rechtsetzung als Wille und die Rechtsprechung als Erkenntnis rechtfertigen müssen.

Auch die gesetzliche Zuständigkeitsordnung trägt zur Entparlamentarisierung bei: wenn der Bundesrat in wachsenden Zustimmungserfordernissen immer mehr Vetorechte gewinnt und so die Landesregierungen die Bundesgesetzgebung mitbestimmen; wenn wichtige Gesetzgebungskompetenzen auf den Europäischen Rat übertragen werden, in dem die Regierungen der Mitgliedstaaten entscheiden und das Europäische Parlament auf Mitentscheidungsrechte verwiesen ist; wenn Nebenhaushalte parlamentsferne Einnahme-, Ausgabe- und Verschuldungsentscheidungen ermöglichen und so eines der klassischen Parlamentsrechte, die Budgethoheit, aushöhlen.

Wenn das Grundgesetz sodann in vermehrten Staatszielbestimmungen – des Umweltschutzes und des Tierschutzes – der Politik auch Ziele vorgibt, die instrumentale Verfassung sich also in eine finale wandelt, verschiebt sich die Verantwortlichkeit vom Parlament zum Bundesverfassungsgericht, das insoweit nicht mehr nur über die Instrumente der Politik – Kompetenzen und grundrechtliche Kompetenzausübungsschranken – zu befinden hat, sondern auch die Politikziele wägen und gewichten muss und so ein Stück politischer Gestaltung zu übernehmen hat.

Je mehr die Gesetzgebungsentscheidung auf verschiedene Entscheidungsträger verteilt ist, desto mehr wandelt sich die Entscheidungsdemokratie zur Verständigungsdemokratie. Unser Wahlrecht der modifizierten Verhältniswahl führt zu Koalitionen, in denen Parteien sich auf die Grundzüge einer Politik verständigen müssen. Die Gesetzgebung durch Bundestag und Bundesrat veranlasst föderale Abstimmungen, die wiederum Kompromisscharakter haben. Das Einstimmigkeitserfordernis im Europäischen Rat macht den europäischen Gesetzgeber zu einem schwer handhabbaren, gelegentlich entscheidungsunfähigen Organ, das zudem als Staatenverbund stetig vom Konsens der Mitgliedstaaten getragen werden muss. Faktische Absprachen zwischen Staat und Verbänden über den Inhalt eines Gesetzes, auch Gesetzesinitiativen, die – wie bei der Ausbildungsplatzabgabe – die Wirtschaft zu einer gesetzesersetzenden Verständigung oder – wie beim Arzneimittelgesetz – zu einer Sonderzahlung an den Staat drängen sollen, vermengen Verantwortlichkeiten von Staat und Wirtschaft. Die verfassungsrechtliche Aufgabenaufteilung auf freiheitsverpflichteten Staat und freiheitsberechtigte Gesellschaft ist als Ausdruck des Freiheitsprinzips wieder neu zu bestimmen.

## 6. Die Garantie der Freiheit durch den Staat

Der Staat findet die Freiheit des Menschen vor. Sie ist Ausdruck seiner Würde als Person und Individuum, wird also nicht rechtlich gewährt, sondern anerkannt. Dennoch wird die Freiheit erst durch den Staat zu einem Freiheitsrecht. Erst als Recht erlangt sie Verbindlichkeit, wird als Individualrecht in die Rechtsgemeinschaft eingebettet und auf die Rechte anderer abgestimmt, gewinnt durch den Schutz der Staatsorgane Gestaltungskraft und bietet dem Berechtigten die Sicherheit im Recht. Der Freiheitsbefund und die Freiheitsidee beanspruchen die Autorität des Rechts.

Auch die sachlichen Freiheitsvoraussetzungen werden vielfach vom Staat gewährt. Der Asylberechtigte beansprucht Zugang zur staatlichen Rechtsgemeinschaft und Teilhabe an deren sozialen Mindeststandards. Der sozial Bedürftige findet in der staatlichen Sozialhilfe seine Existenz- und Freiheitsgrundlage. Der Student empfängt in der Studienzulassung zur staatlichen Universität seine reale Freiheitsgrundlage für die Wahl von Ausbildungsstätte und Beruf; wenn die Schulen und Universitäten weitgehend in staatlicher Hand sind, wird aus der Freiheit vom Staat eine Freiheit durch den Staat, aus dem Freiheitsanspruch ein Gleichheitsrecht.

Der Staat stärkt und organisiert auch das rechtliche Fundament eines Vertrauens, auf das sich das freiheitliche Verhalten der Menschen stützt. Er lässt den Autofahrer nur nach einer Führerscheinprüfung zum Straßenverkehr zu, verlangt vom Kfz-Mechaniker in einer berufsqualifizierenden Prüfung den Nachweis handwerklicher Fähigkeiten, erlaubt dem Arzt oder Architekten erst nach Studium und Examina seine Arbeit. Daneben fordert das staatliche Recht

Sicherheitsstandards der Hygiene, des Verbraucherschutzes, der Qualitätsprüfung, der Verkehrssicherheit, der Fortbildung, des Wettbewerbs- und Kartellrechts. Staatliche Finanzhilfen ermöglichen Studium und Firmengründung, erleichtern Familiengründung und Hausbau, erschließen Ansiedlungen und Wirtschaftsstrukturen. In der örtlichen Gemeinschaft schafft die Kommune mit ihrem Recht, ihrer Organisationskraft und ihren Finanzmitteln Lebensbedingungen für die individuelle, familiäre, berufliche Entfaltung. Der Staat formt in seinem Schul- und Hochschulmonopol die Kulturgemeinschaft des Staatsvolkes in einer allgemeinen Mindestqualifikation, in Berufsausübung und Spitzenwissenschaft. So garantiert die Verfassung individuelle Freiheit vom Staat, belässt aber viele Freiheitsvoraussetzungen in der Hand von Gruppen und Gemeinschaften, gibt sie oft auch in staatliche Hand. Freiheit meint Selbstbestimmung in der Gemeinschaft und dank der Gemeinschaft, sie begründet ein Recht, einen Anspruch im Zusammenwirken von Menschen. Insoweit ist das Freiheitsrecht durch die Gleichheit der Menschen in Freiheit geprägt.

Vor allem aber betrifft die Freiheitsausübung auch andere Menschen und muss deshalb ihnen gegenüber rechtlich definiert werden. Würde man dem Arzt dank seiner Wissenschaftsfreiheit das Menschenexperiment überlassen, dem Atomphysiker für seine Versuche keine Grenzen setzen, der Neugierde des Humangenetikers ohne Begleitung der Rechtsgemeinschaft freien Lauf lassen, so würde der Mensch und damit die Rechtsgemeinschaft existenziell gefährdet. Aber auch die Alltagsfreiheiten des Leistungstausches und der Berufsausübung, des Wohnungs- und Straßenbaus, der Wirtschaftsorganisation und Freizeitgestaltung prägen die tatsächlichen Freiheitsbedingungen anderer und enthalten deshalb Aufträge an den freiheitssichernden und freiheitsbegrenzenden Gesetzgeber. Freiheit ist im einzelnen Menschen angelegt, aber auf die Gemeinschaft von Menschen angewiesen.


## 7. Gemeinschaftlich wahrgenommene Freiheiten

Schließlich garantieren viele Grundrechte die Freiheit zur Gemeinschaft. Das Grundrecht auf Ehe und Familie, auf Versammlung, auf Vereinigungen und Koalitionen, auf Parteien sichert jeweils das Recht, die Freiheit mit anderen gemeinsam auszuüben. Freiheit schützt hier nicht das Recht des Individuums auf Begegnung mit dem anderen, sondern die Bildung von Gemeinschaften. Diese ist bei der Versammlung eher spontan und lose, immerhin getragen von einem gemeinsamen Ziel. Arbeitsrechtliche Koalitionen und Parteien erwarten Stetigkeit und Festigkeit zu einem gemeinsamen Zweck und in wechselseitiger Verantwortung. Die Ehe begründet eine Lebensgemeinschaft, die Familie eine Erziehungs-, Beistands- und Unterhaltsgemeinschaft.

Diese Gemeinschaften, vor allem der Ursprung menschlicher Existenz in der Familie und die dort entfaltete Freiheitskraft und Freiheitsfähigkeit, sind Ausgangs- und Zielpunkt der Freiheit: Ausgangspunkt ist das Geborenwerden und Heranwachsen in der Familie. Die Meinungsfreiheit, die Informationsfreiheit und die Medienfreiheit fördern eine Kultur von Begegnung und Gemeinschaftsteilhabe. Schule, Universität und Ausbildungsstätte formen gemeinsames Lernen, Bilden und Ausbilden, Erproben und Qualifizieren. Berufs- und Eigentümerfreiheit führen in Erwerbs- und Produktionsgemeinschaften. Die politischen Grundrechte vermitteln Einfluss auf die staatliche Gemeinschaft und ihre Untergliederung.

Das Freiheitsrecht braucht die Institutionen des Staates zu seiner Entwicklung und Sicherung: Der Gesetzgeber verdeutlicht und stützt die Freiheitsgarantieren. Die staatliche Verwaltung wehrt Gefahren und Störungen für die Freiheit ab. Die Gerichte geben dem Freiheitsberechtigten Waffengleichheit auch gegenüber der Staatsgewalt von Gesetzgeber, Regierung und Verwaltung und setzen das Freiheitsrecht gegen Staatsgewalt, auch gegen Mehrheitsentscheidungen und gegenüber Privaten durch.

Freiheitsrechte schützen den Menschen also in seiner Zugehörigkeit zu einer Rechtsgemeinschaft, regeln seinen Status gegenüber anderen Menschen, handeln von menschlichem Begegnen und Zusammenwirken und wenden sich an Staat, Gesellschaft und Individuum, die das Recht zu achten und zu schützen haben. Freiheitsrechte sind die rechtliche Brücke zwischen freien Menschen.

# II. Weltanschauliche Neutralität und die Freiheit der Bekenntnisse

Die erste Individualfreiheit der modernen Verfassungsgeschichte ist die Religionsfreiheit. Die Einwanderer in Amerika sind vor allem der religiösen Bevormundung entflohen und haben deshalb die Garantie der Religionsfreiheit an den Anfang der Verfassungsstaatlichkeit gesetzt. Jeder Staat erfährt, dass die Frage nach Gott, dem Woher und Wohin, dem Ursprung und Ziel menschlicher Existenz für jeden denkenden Menschen wesentlich ist, der Einzelne für sich allein darauf aber keine befriedigende Antwort findet. Deshalb bilden sich Religionsgemeinschaften, die in ihrer Tradition diese Fragen gemeinsam stellen und beantworten, in einem gemeinsamen Sinnverständnis leben, ihre kirchlichen Lehren und sakralen Formen pflegen und verbreiten.

Der freiheitliche Staat selbst darf um der Religionsfreiheit willen diese Fragen nicht stellen und beantworten. Er ist weltanschaulich neutral, garantiert aber die Freiheit der Religionen und Religionsgemeinschaften und erkennt damit an, dass Religion für den einzelnen Menschen freiheitserheblich ist und dass andere als staatliche Institutionen – die Kirchen – auf die religiösen Fragen antworten müssen.

Daraus ergibt sich ein Staatskirchenrecht. Dieses ist in den westlichen Staatsverfassungen, in den historisch unterschiedlich erfahrenen Freiheitsanliegen sehr verschieden: Der französische Laizismus kämpft vor allem für die Freiheit des französischen Staates von kirchlichem Einfluss und sichert deshalb eine Freiheit des Staates von der Kirche, weil der Staat in Frankreich lange kirchlich bevormundet gewesen ist. Das amerikanische Verfassungsrecht steht in der Tradition der Einwanderer für eine Freiheit der Religion und der Kirchen vom Staat. Das deutsche Staatskirchenrecht anerkennt eine gemeinsame, aber unterschiedliche Verantwortlichkeit von Staat und Kirche für denselben Menschen, der zugleich Bürger und Kirchenmitglied ist; es regelt somit die gute Nachbarschaft zwischen Staat und Kirche.

## 1. Die Bedeutung des Religiösen für den Staat

Wenn der Staat Religion und Kirchlichkeit in privater Hand belässt, sucht er nicht die Distanz eines Unbeteiligten, sondern regelt mit der Autorität seiner Verfassung die Freiheit zu Religion und Kirche. Er erwartet mit diesem Freiheitsangebot wiederum, dass die Berechtigten es wahrnehmen, die Kultur des Religiösen pflegen, dem Menschen insoweit eine kulturelle Existenzgrundlage sichern und dass sie auch soziale Aufgaben erfüllen in Krankenpflege und Armenspeisung, Bildung und Erziehung.

Auch im Angebot der Religionsfreiheit ist der Staat darauf angewiesen, dass die Freiheitsberechtigten in der Wahrnehmung ihrer Freiheit autonom einen Beitrag zu den Grundlagen des Verfassungsstaates leisten. Deswegen ist es für den Staat erheblich, ob die Kirchen eine Friedensbotschaft verkünden oder zum Krieg aufrufen, ob sie das Leben in Ehen und Familien und damit in der Zukunftsfähigkeit pflegen oder zur Vereinzelung einladen, ob sie in Ehrenamt und selbstloser Spende die Hilfe für Bedürftige anregen oder den Eigennutz empfehlen. Gerade die deutsche Geschichte lehrt insbesondere nach der Kirchenspaltung, wie schnell kirchliche Konflikte zu Kriegen führen und die Schlichtungsaufgabe des Staates und seiner Vorläufer überfordern können, wie andererseits das Christentum in seiner gemeinsamen Lehre von der Würde des Menschen Fundamente für die moderne Friedensordnung eines Rechtsstaates gelegt hat. Deshalb entspricht es besonders der deutschen Rechtserfahrung, dass der Staat die Frage nach der religiösen Wahrheit offen hält, sie der Freiheit der Gesellschaft überlässt, sich dabei aber eine Friedensbotschaft erhofft.

Diese Verfassungserwartung gilt vermehrt für eine Demokratie, die auf das Staatsvolk baut, also auf eine sich ihrer Zusammengehörigkeit bewusste Gemeinschaft von Menschen, die dank einer gemeinsamen Kultur gemeinsame Ziele verfolgen, sich deshalb Organe wählen, die in einem bestimmten Gebiet Recht setzen und durchsetzen und die dem öffentlichen Leben eine politische Mitte geben. In diesem Demokratieverständnis, nach dem sich alle Staatsgewalt aus dem Volke legitimiert, bleibt das Volk stets Gerechtigkeitsreserve. Sein Gestaltungswille, sein Ethos, seine Urteilskraft formen den Staat wie die Hand den Handschuh, sie erwarten von diesem Staat Schutz gegen Kälte und Verletzung, weshalb er nicht zu eng-, aber auch nicht zu weitmaschig gestrickt sein darf.

Ein solches, demokratisches Freiheitskonzept gelingt nur in Hochkulturen, in denen die Menschen dieses Ethos und diese Urteilskraft mitbringen. Diese Kultur empfängt aus dem Christentum wesentliche Impulse – wenn dessen Lehre von der Würde jedes Menschen individuelle Freiheit, gemeinschaftliche Verantwortlichkeit und demokratischen Einfluss fordern; wenn die Erfahrungen mit der Unzulänglichkeit des Menschen seit der Vertreibung aus dem Paradies eine Fehlerprävention durch Gewaltenteilung, Gerichtsschutz und Staatshaftung anregen; wenn die Achtung vor den Gesetzestafeln, dem allgemeinen, auf Dauer verbindlichen Recht die Stetigkeit und Allgemeinheit des Gesetzes erwarten und diesem Autorität vermitteln, wenn eine Verantwortlichkeit vor Gott die Mächtigen bescheiden, die Gewaltunterworfenen selbstbewusst und damit freiheitsfähig macht.

## 2. Die säkularisierte Gesellschaft

Die Säkularisierung verselbständigt die Wissenschaft von der Natur und vom Menschen gegenüber der Theologie, unterscheidet Politik und Glaube in Maßstäben und Akteuren, entlastet Theologie und Kirche von Aufgaben und Verantwortlichkeiten, delegitimiert bisher religiös begründete Staatsgewalt und ebnet damit den Weg zur Demokratie. Historisch setzte die Säkularisierung in der damaligen europäischen Sicherheit im Religiösen und der Unsicherheit im Kirchlichen auf die Rationalität auch des öffentlichen und politischen Lebens. Sie nahm dabei fast unbewusst kirchliche Lehren auf, in denen am Anfang der *logos* steht, deren Inhalt und Ziel aber der verantwortliche Menschen ist.

Dem modernen demokratischen Rechtsstaat ist bewusst, dass der Staat niemals reine Vernunftordnung sein wird, dass in ihm vielmehr Interessen aufeinandertreffen, Emotionen menschliches Handeln bestimmen, Ehrgeiz, Machtstreben und Gewinnabsichten das Verhalten lenken, ja dass auch List und Niedertracht das Regiment übernehmen können. Selbst wenn die Vernünftigkeit allein bestimmend wäre, böte sie nach dem Verlust ethischer Gewissheiten keine ausreichenden Verhaltensanweisungen; viele Fragen – der Vermögensverteilung, der Art und Intensität der Sicherheit, des Ausgleichs zwischen Freiheit und Gleichheit, der Inhalte und Ziele von Erziehung und Bildung, der Zukunftsoffenheit – sind nicht nur Gegenstand des Erkennens, sondern des Wollens. Die Mächtigkeit des Menschen in der Atomphysik oder in der Gentechnik verlangt klare Vorstellungen von Gut und Böse. Die Willkür- und Irrtumsanfälligkeit auch demokratischer Mehrheitsentscheidungen macht die Grenzen politischer Vernunft bewusst und führt die Politik von der wissenschaftlichen Wahrheitsfrage zur ethischen Werte- und Sinnfrage. Folgerichtig garantiert die Verfassung die Wissenschaftsfreiheit im Zusammenwirken mit anderen Kulturfreiheiten, insbesondere der Meinungsäußerung, der Kunst und der Religionsausübung.

Die Verfassung gewährleistet die „ungestörte" Religionsausübung. Diese Gewährleistung erfüllt zunächst der Staat, indem er Störungen unterlässt. Sie kann jedoch auch zum staatlichen Schutz verpflichten, wenn eine Loveparade in Altötting den Platz vor der Wallfahrtskirche beansprucht, die Demonstration der schrillen Geste und der lärmenden Musik also die Konfrontation mit Besinnung und Gebet sucht. Demonstrationsfreiheit und Religionsfreiheit haben beide ihren Platz im Verfassungsstaat, jedoch nicht denselben. Würde man hier die Parade und die Wallfahrt unkoordiniert aufeinander treffen lassen, wäre die Religionsausübung bereits gestört, also verletzt. Deswegen muss der Staat vorbeugend diesen Konflikt vermeiden, die Gefahr für die Grundrechtswahrnehmung abwehren. Dabei braucht die Wallfahrt den Wallfahrtsort, während die Loveparade an einem anderen Ort stattfinden könnte.

Damit wird ein schonender Ausgleich zwischen weltanschaulich neutralem Staat und staatsverpflichtender Religionsfreiheit, auch zwischen der Wahrnehmung der Religionsfreiheit durch Gläubige und Nichtgläubige erforderlich, wenn die Religionsfreiheit sich im Staat ereignet. Verpflichtet der Staat die Kinder zur Teilnahme am Schulunterricht, übernimmt er die Herrschaft über deren Erziehung und Bildung und prägt damit wesentlich deren Freiheitsfähigkeit und Entscheidungskraft. Dabei dürfen Kinder und Eltern erwarten, dass der Staat die Kinder in die Kultur einführt, in der wir leben und die unser Verfassungsrecht bestimmt. Deshalb wird der Staat seiner schulischen Erziehung die Kultur zugrunde legen, die durch das Christentum und seine durch Humanismus und Aufklärung veranlassten Erprobungen, Verdeutlichungen und Alternativen bestimmt ist. Dabei bleibt außerhalb des Religionsunterrichts die religiöse Frage offen, nicht aber die im Christentum gewachsene Werteordnung von Würde, Freiheit und Demokratie.

In diesem Erziehungsauftrag braucht der Staat die Urteilskraft, kirchliche Lehren in ihrem verfassungsförderlichen oder verfassungsgefährdenden Inhalt zu unterscheiden. Freiheit garantiert eine Gleichheit zur Freiheit als Ausgangspunkt, führt dann aber zu rechtserheblichen Unterscheidungen – wie die Freiheit zur Ehe jedermann ein gleiches Recht anbietet, die Wahrnehmung dieser Freiheit dann aber in der Bereitschaft zum Kind, in der Bindungsfähigkeit und Familienkultur zu staatserheblichen Unterschieden führt; wie die Berufs- und Eigentümerfreiheit gleiche Rechte gewährt, die Freiheitsberechtigten dann aber nach Wahrnehmung ihrer Rechte in der Berufsqualifikation, im Einkommens- und Vermögenserfolg Verschiedenes für Gesellschaft, Wirtschaft und Staat leisten; wie die Bewerbung um ein staatliches Amt grundsätzlich allen Deutschen offen steht, die Verfassung aber eine Differenzierung nach

Eignung, Befähigung und fachlicher Leistung fordert: So steht auch die Religionsfreiheit jedermann als gleiches Freiheitsrecht offen, verlangt dann aber wiederum die Unterscheidungskraft, welche religiösen Lehren und Verhaltensweisen für den Verfassungsstaat hilfreich und welche störend wirken.

Diese Urteilskraft des Staates muss sich bewähren, wenn eine Frau das Amt einer staatlichen Lehrerin begehrt, sie aber im Unterricht ein Kopftuch tragen will, das ihre Zugehörigkeit zu einer anderen Kultur dokumentieren soll. Im allgemeinen gesellschaftlichen Leben ist diese Frau freiheitsberechtigt, darf deshalb ihr Kopftuch tragen, mag dieses auch akzentuierte religiöse oder politische Aussagen überbringen. Tritt sie hingegen in den Schuldienst ein, ist sie freiheitsverpflichtete Amtsträgerin und entfaltet dort nicht ihre eigenen Freiheiten, sondern dient der Freiheit der Schüler. Deshalb darf und muss der Staat, der jedes Risiko einer Fehlerziehung von den schulpflichtigen Kindern fernzuhalten hat, zwischen der Ordenstracht tragenden Schwester unterscheiden, deren Lehren und Erziehungsmethoden seit Jahrhunderten in unserer Kultur erprobt und bewährt sind, und der ein Kopftuch tragenden Frau, deren Lehraussagen und Pädagogik wir uns nicht in gleicher Weise sicher sind. Wenn der Staat diese Frau vom Schuldienst fern hält, behauptet er nicht deren Dialog- oder Demokratieunfähigkeit; er kann nur noch nicht mit hinreichender Sicherheit feststellen, dass diese Bewerberin seinen Erwartungen nach guter Erziehung und Ausbildung hinreichend verlässlich genügen wird. Dabei mag der Staat auch erwägen, welche Formen ersichtlicher Selbstbindung uns bei Lehrern vertraut oder fremd sind.

Auch der religiös und weltanschaulich neutrale Staat braucht also Beurteilungs- und Entscheidungskraft, wenn

Religion und Weltanschauung in den staatlichen Bereich hineinwirken. Er muss bestimmen, welche kirchlichen Schulen zulässig sind, welche staatlich gefördert werden sollen, und er hat zu verantworten, ob in staatlichen Schulen ein Kruzifix aufgehängt und ein Schulgebet angeboten wird. Er hat die staatliche Schwangerschaftskonfliktberatung mit Rücksicht auf kirchliche Eigenheiten zu organisieren, in einem eigenen kirchlichen Arbeitsrecht die Besonderheit des kirchlichen Dienstes für Arbeitnehmer der Kirchen anzuerkennen, den Status einer Körperschaft des öffentlichen Rechts den Kirchen vorzubehalten, die mit ihren Lehren und Einflussnahmen seiner Verfassung nicht zuwiderlaufen. Säkularisierung bedeutet nicht Belanglosigkeit des Religiösen und Kirchlichen, nicht Indifferenz des Staates gegenüber Religion und Kirche, auch nicht ein Zurückdrängen des Religiösen in den staatsdistanzierten privaten Bereich. Die heutige Unsicherheit gegenüber Kirche und Religionen drängt den Staat vielmehr in die Aufgabe, Verfassung und Rechtswirklichkeit nicht zum Spielball religiöser Auseinandersetzungen werden zu lassen, sondern die Wertungsmitte von Staat und Gesellschaft in Menschenwürde, Freiheit, Gleichheit und Demokratie zu bewahren.

## 3. Die strukturelle Offenheit der Staatsverfassung

Als Deutschland zu Anfang des 19. Jahrhunderts zu Freiheit und Demokratie aufgebrochen war, sammelten sich alle gesellschaftlichen, religiösen und kirchlichen Kräfte, um den neuen Verfassungsstaat zu gründen. Joseph von Eichendorff stellte deshalb im Umfeld des Hambacher Festes (1832) fest: „Keine Verfassung garantiert sich selbst." Sie baut auf die

Freiheitsbereitschaft und die Demokratiewilligkeit der Menschen, ist auf die Mitgestaltung und kontinuierliche Legitimation durch die Bürger angewiesen, lebt in Familien, Vereinigungen und politischen Gruppen. Der freiheitliche Staat ist konstitutiv offen und insbesondere darauf angelegt, dass ihm die ethischen Voraussetzungen von außen zukommen. Die säkularisierte Gesellschaft lebt von religiösen Voraussetzungen, die sie selbst nicht gewährleistet, die sie deshalb von anderen Maßstabgebern und Legitimationsspendern – den Kirchen – erwartet. Die Einsicht, dass der freie Verfassungsstaat von Voraussetzungen lebe, die er selbst nicht erzwingen könne, ist vielfach als bequeme Entlastungsformel genutzt worden. Der Staat brauche sich – so ist gesagt worden – nicht um Ethos und Moral kümmern, sondern er habe allein das vom Willen des Parlamentes bestimmte Gesetz mit Autorität zu versehen. Die Demokratie brauche nicht den inneren Zusammenhalt in Kultur und Religion, sie finde ihren Halt vielmehr in der Gemeinsamkeit des Erwerbsstrebens und des Marktes. Die Elementarwertungen des Verfassungsstaates müssten nicht in ihren historischen Ursprüngen und aktuellen Geltungsbedingungen kultiviert werden, vielmehr seien sie um der Freiheit willen der Neubestimmung durch die Bürger der Gegenwart ausgeliefert. Diese staatspolitische Grundauffassung drängt den Staat in die Indifferenz und den Fatalismus, sie liefert die Verfassung der Beliebigkeit von Trends und kurzfristiger Einsicht aus, verzichtet letztlich auf Normativität und Gestaltungsanspruch des Grundgesetzes als dem Gedächtnis der Demokratie, das erprobte Werte, bewährte Institutionen und politische Erfahrungen rechtsverbindlich an die Zukunft weitergeben will.

Der Verfassungsstaat jedoch unterbreitet den Menschen ein Freiheitsangebot in der Sicherheit, dass das Fundament der Freiheit auf Dauer erhalten bleibt. Er hat als Garant der Freiheit die Verfassungsvoraussetzungen zu pflegen und zu fördern. Die Garantie des stetigen Freiheitsangebotes begründet eine staatliche Aufgabe, die selbstverständlich freiheitskonform zu erfüllen ist. Die Freiheitsverpflichtung drängt den Staat deshalb in eine Garantenstellung für das Freiheitsrecht und seine Voraussetzungen, bindet ihn aber zugleich an die Handlungsmittel des Anregens, Förderns und Erschließens, der organisatorischen und rechtlichen Hilfe; Befehl und Zwang sind insoweit ausgeschlossen.

Dieser anspruchsvolle Auftrag führt in eine umfassende Freiheitsverantwortlichkeit, nicht eine Gegenläufigkeit. Der Staat darf den Armen nicht in Freiheit verhungern lassen, er muss ihm vielmehr in der Sozialhilfe das freiheitsnotwendige Existenzminimum sichern; dabei darf er aber selbstverständlich nicht die Zwangsbekleidung und Zwangsernährung wählen, sondern muss dem Freiheitsberechtigten grundsätzlich eine ausreichende Summe Geldes anbieten, die eine selbstbestimmte Definition des individuellen Bedarfs und seiner Befriedigung erlaubt. Im Bildungswesen überlässt der Staat dem Menschen nicht die Freiheit zum Analphabetismus, er fordert vielmehr die individuelle Anstrengung zu einer Mindestkulturfähigkeit, hat dabei aber das staatliche Schul- und Hochschulangebot so aufzufächern, dass die Pflicht zu Schule und Berufsqualifikation in einer Vielfalt an Alternativen erfüllt werden kann. Im freiheitssensiblen Bereich von Kunst, Wissenschaft und Religion bekräftigt das Gemeinnützigkeitsrecht den Förderungsauftrag des Staates, verpflichtet ihn aber zugleich, blind der Förderentscheidung privater Spender und Sponsoren zu folgen – also staatliche Mittel für gesetzlich definierte Kulturbereiche einzusetzen, die Empfänger dieser Förderung aber durch die Freiheitsberechtigten bestimmen zu lassen. Dieses Gemeinnützigkeitsrecht führt zu dem Ergebnis, dass die staatlichen Fördergelder für Kirchen im Wesentlichen die christlichen Kirchen erreichen, weil die Menschen in Deutschland diese Kirchen und nicht andere unterstützen wollen.

Dieses Freiheitskonzept richtet auch Erwartungen an Religionen und Kirchen. Zwar wird sich kein Pfarrer und kein Bischof in den Dienst einer politischen Partei oder eines politischen Regierungsprogramms stellen, wohl aber für Menschenrechte, Demokratie und soziale Zugehörigkeit streiten, parallele Ziele also, wie der Rechts- und Sozialstaat sie verfolgen. Die Kirchen werden den Menschen nicht nur als starken, selbstbewussten und gestaltungsfreudigen Freiheitsberechtigten sehen, sondern ihn auch in seiner Schwäche – als Kind, Jugendlicher, Kranker, Arbeitsloser oder Gebrechlicher – begleiten und ihm dabei in der Unterscheidung kirchlicher Dienste und verschiedener Kirchen vielfältigere Betreuungs- und Hilfsalternativen anbieten können, als es dem weltanschaulich neutralen Staat möglich ist. Der Verfassungsstaat sieht den Menschen vor allem als autonomes, zur Freiheit fähiges Rechtssubjekt. Die Kirchen ergänzen dieses Menschenbild um die Erfahrung, dass die Hilfsbedürftigkeit des Menschen ebenfalls Realität ist, und dass der Mensch deshalb auf Erziehung und Ausbildung, Beistand und Unterhalt, Ermutigung und Trost durch andere angewiesen ist. Der Sozialstaat, der diese Leistung oft nicht erbringen will oder darf, findet in Caritas und Diakonie der Kirchen Angebote von Freiheitsvoraussetzungen, die den Staat entlasten und die tatsächlichen Freiheitsgrundlagen mehren. Insoweit ist der Staat Garant der Freiheitsvoraussetzungen, die er aber meist nicht eigenhändig schaffen will und schaffen darf.

## 4. Kirchliche Lehren als Wirkungsbedingungen für den freiheitlichen Staat

Die Religion ist eine der wesentlichen Voraussetzungen für das Entstehen, die Wirkung und die Wahrnehmung von Staatsverfassung und Grundrechten. Das Grundgesetz geht von einem zur Würde und damit zur Freiheit befähigten Menschen aus, dem als Person Rechte und Pflichten zugesprochen werden und der zur freien Entfaltung seiner Persönlichkeit berechtigt ist. Damit nimmt die Verfassung die revolutionäre Aussage des Christentums auf, jeder Mensch habe eine unantastbare Würde, besitze eine innere Berufung und Fähigkeit zur Freiheit, könne sich zur Sittlichkeit begabt und zum verantwortlichen Handeln befähigt entfalten. Der zentrale Wert der Würde demokratisiert und egalisiert Rang und Anerkennung des Menschen, er widerspricht jeder Ausgrenzung, Entfremdung und Diskriminierung von Menschen wegen ihrer Unterschiedlichkeit, wendet sich gegen Sklaverei und Unterdrückung, stellt in der Menschenwürde Mann und Frau gleich und wehrt jeden Statusunterschied wegen Abstammung, Rasse, Sprache, Heimat und Herkunft, Glauben und individueller Lebenssicht ab. Die kirchliche Lehre von der Gottespräsenz in jedem Menschen hat die Kraft, historisch gewachsene Bevorzugungen und Benachteiligungen einzelner Menschengruppen zu überwinden und die Gleichheit in Freiheit zur Basisnorm des Staates zu machen.

Die urchristliche Lehre vom Menschen als Ebenbild Gottes ist zwar nicht gradlinig über zweitausend Jahre in die Gegenwart hineingetragen worden; vielmehr hat das Christentum jahrhundertelang dazu gedient, die Herrschaft einzelner Menschen, einzelner Familien oder Gruppen zu begründen und zu festigen – eine Herrschaft „von Gottes

Gnaden" anzuerkennen, Statusunterschiede zwischen Jude und Grieche, Sklave und Freiem, Frau und Mann hinzunehmen. Dennoch hat die christliche Lehre insbesondere in ihrer Bewährung und Besinnung durch Humanismus und Aufklärung die Idee der verantwortlichen Freiheit in die Gegenwart getragen. Heute ist diese Religion eine aktuelle Wirkungsgrundlage für die freiheitliche Demokratie, sie vermittelt ihr gelebte Anerkennung, fördert die grundsätzliche Bereitschaft der Menschen zum Recht, ihre Kraft zur Freiheit, ihre Fähigkeit zum Frieden. Damit ist die Religion zugleich Wahrnehmungsvoraussetzung für Freiheitsrechte.

Deswegen ist es für den Staat erheblich, ob die Kirchen eine Kultur des Maßes oder Fanatismus lehren, ob sie individuelle und gemeinschaftliche Friedlichkeit fordern oder zu Streit und Kampf aufrufen, für Ehe und Familie werben oder auch andere Lebensformen unterstützen, für eine im Kind vitale Gesellschaft eintreten oder ihr Sterben im ausschließlichen Erwerbsstreben hinnehmen, eine sonntägliche Besinnung und Besonnenheit pflegen oder jeden Tag dem Erwerb widmen, Berufsfreiheit und Eigentümerfreiheit als Verantwortlichkeiten definieren oder auch die anonyme Macht von Kapitalfonds und immer mehr entindividualisierten Kapitalgesellschaften hinnehmen. Für die Universitäten ist es wesentlich, ob ihre Fakultäten sich allein auf Einzelwissenschaften spezialisieren oder ob sie von Theologen mit ganzheitlichen Denk- und Handlungskonzepten vertraut gemacht werden, die Machbares mit Wünschenswertem, Nützliches mit Gutem vergleichen.

Wenn der Staat heute weitgehend zu informalem Handeln neigt und den Formenbindungen von Verfahren, Zuständigkeiten und Verantwortlichkeiten zu entfliehen sucht, werden die Kirchen die Kraft der Form – ihres Kanon und ihrer Riten – wieder bewusst machen und an das Bedürfnis der Menschen erinnern, wesentliche Ereignisse – die Taufe, die Eheschließung, das Begräbnis – in einer festen Formenbindung zu erleben. Eine Staaten übergreifende Kirche wird die Verbindung zwischen Grund- und Menschenrechten wach halten und die Grundlehre der Menschenrechte – in ihrer Aussage unveränderlich – in konkrete Regionen und Rechtssysteme hineintragen. Der eine Staat wird den Frieden vor allem durch weltweite Verknüpfung seiner Wirtschaft, der andere durch Verteidigungskraft zu sichern suchen. Eine Region schützt den Menschen vor dem Verhungern durch Agrarwirtschaft, die andere durch eine hoch entwickelte Industriegesellschaft. Eine Gesellschaft erkämpft Bildungsfortschritte noch elementar durch Begründung einer allgemeinen Schulpflicht, die andere schon durch Neugründung von Universitäten und Technologiezentren. Menschenrechte wirken in allen diesen Systemen in gleicher Zielsetzung, werden dort aber jeweils als Grundrechte ausgeformt und in das rechtliche Umfeld eingebettet. Menschenwürde verlangt so die Statusgleichheit jedes Menschen in der jeweiligen Kultur-, Wirtschafts- und Rechtsordnung.

Selbstverständlich besitzt auch der nichtreligiöse Mensch die Fähigkeit zu Freiheit und Verantwortlichkeit. Quellen seiner Freiheitskraft sind ebenfalls die Familie, der Sport mit seinen Fairnessgeboten, Vereine in ihrer Ausrichtung auf Gemeinnutz und Selbstlosigkeit, die Schulen und Universitäten in ihrem Bildungsauftrag. Dieses Denken zur verantwortlichen Freiheit nimmt aber viele Lebenseinsichten und Verhaltensempfehlungen des Christentums auf. Menschenwürde und Menschenrechte mögen auch allein aus einem Nützlichkeitsdenken begründet werden: Der Mensch tötet und verletzt den anderen nicht, damit er nicht selbst Angriffen ausgesetzt wird. Dieses Denken allerdings greift zu kurz, wenn ein Mensch den anderen deutlich beherrscht, er als Richter über den anderen ein Urteil spricht, als Politiker über seinen Asylanspruch entscheidet, als Arzt auf Gesundheit und Leben einwirken kann, als Lehrer das Wissen und Empfinden der Schüler prägt. Die Religion lehrt hier Humanität und Gemeinwohlverpflichtung aufgrund einer Idee vom Menschen, eines Menschenbildes, ohne nach dem Eigennutz zu fragen. Diese Lehre von Humanität und Humanismus hat sich heute zu einem Allgemeinanspruch freiheitlicher Verfassungsstaaten und damit auch zu einem Fundament der Religionsfreiheit entwickelt, bewahrt sich aber auch in diesem Erfolg in der Religion eine Geltungs- und Erneuerungsquelle.

## 5. Religion als geistige Weite zur Transzendenz

Religion sichert damit vor allem die geistige Weite. Wer nach dem Ursprung und Ziel der Welt fragt, den Sinn seines Lebens zu ergründen sucht, über das Entstehen des menschlichen Lebens und ein Leben nach dem Tod nachdenkt, der entflieht der geistigen Enge des Gegenwärtigen, der Beschränkung der Lebenssicht auf nur ökonomische Ziele, auf politische Absichten oder den Genuss des Augenblicks. Die Frage nach Gott bestimmt den Standort der eigenen Person in einem Kosmos, der den eigenen Bedürfnissen, Denkmöglichkeiten und Hoffnungen die Ausschließlichkeit nimmt. Die Weite zur Transzendenz schützt vor der intellektuellen Bedrängnis durch ausschließlich Gegenwärtiges, Eigennütziges, Plan- und Voraussehbares.

Das Grundgesetz baut auf dieses religiöse Prinzip moralischer Verantwortlichkeit und geistiger Weite. Es ist „im Bewusstsein seiner Verantwortung vor Gott und den Menschen" beschlossen und in Kraft gesetzt worden. Diese Verantwortung vor Gott soll die politisch Mächtigen bescheiden machen, weil sie sich auch dann beobachtet wissen, wenn kein Mensch zuschaut, sich auch dann zu verantworten haben, wenn kein Mensch Rechenschaft fordert, und weil sie sich immer wieder ihrer Ziele und ihres Handelns vergewissern müssen, auch wenn sie gegenwärtig selbstverständlich und einsichtig scheinen.

Die Demokratie verwirklicht das Prinzip der Selbstbestimmung. Der Bürger entscheidet als Mitglied des demokratischen Staates in eigener Sache und gibt in dieser Selbstgesetzgebung staatlicher Macht und Hoheit Ziel und Maß. Wenn diese Demokratie sich in Verantwortung vor Gott weiß, ergänzt sie die Selbstbestimmung durch eine Fremdbestimmung: Politisches Handeln wird nicht nur an Nutzen und Sinnhaftigkeit für die Wähler gemessen, vielmehr erstreckt sich die Verantwortlichkeit auch auf den Fremden, den Asylsuchenden, die nächste Generation.

Der hoheitsgebundene Mensch gewinnt in diesem Bewusstsein einer Verantwortung vor Gott Selbstsicherheit und Bürgerstolz. Er ist nicht einer Staatsgewalt unterworfen, sondern steht in der gleichen Verantwortlichkeit wie die Mächtigen und kann in dieser Gemeinsamkeit von Rechten und Pflichten seine Würde und seine Freiheit stetig behaupten.

Ein Amtsträger leistet bei seinem Amtsantritt einen Amtseid, dem er die religiöse Beteuerung „so wahr mir Gott helfe" hinzufügt, wenn dieser Zusatz seiner Wahrnehmung von Religionsfreiheit entspricht. Damit wird bei Beginn der Amtsaufnahme nochmals betont, dass das Amt nicht allein aus eigener Kraft erfüllt werden kann, dass zur eigenen Leistung vielmehr eine Hilfe hinzutreten muss.

Diese Verantwortung vor Gott ist auch in vielen Landesverfassungen ausdrückliche Grundlage für die Verfassunggebung durch das Staatsvolk. Sie anerkennt die Frage nach Gott, nimmt die Verantwortlichkeit vor Gott in die Rechtsordnung auf, gibt in dieser Präambel der gesamten Verfassung einen Geltungsgrund und ein Auslegungsprinzip. Das demokratisch beschlossene und geschriebene – positive – Recht erinnert an eine es selbst übergreifende Verantwortlichkeit.

Der Entwurf eines europäischen Verfassungsvertrages hatte nicht die Kraft, diese Verantwortlichkeit vor Gott in den Vertragstext aufzunehmen. Die Übereinkunft schöpft „aus den kulturellen, religiösen und humanistischen Überlieferungen Europas, deren Werte in seinem Erbe weiter lebendig sind und die zentrale Stellung des Menschen und die Unverletzlichkeit und Unveräußerlichkeit seiner Rechte sowie den Vorrang des Rechts in der Gesellschaft verankert haben". Die Überlieferung auch als christliche zu bezeichnen, fand sich der Konvent vor allem unter dem Einfluss Frankreichs mit seiner Tradition einer Freiheit des Staates von der Religion nicht bereit, obwohl der christliche Ursprung Europas historische Tatsache ist und somit als gewachsene Wirklichkeit nicht neu legitimiert werden muss, die kulturelle und religiöse Überlieferung durch Verschweigen des Christentums zumindest ungenau angedeutet ist. Gerade weil sich Europa „auf der Suche nach seiner Seele" (Jacques Delors) befindet, der Europäischen Union mehr als ihren Mitgliedstaaten eine konkrete geistig-kulturelle Mitte fehlt und die Europäische Wirtschaftsgemeinschaft im

Übergang zur politischen Wertegemeinschaft auch auf gefestigte europäische Menschenbilder und Vorbilder angewiesen ist, bleibt der Entschluss des Konvents, in der Präambel die Voraussetzungen und Wirkungsbedingungen des Verfassungsvertrages zu nennen, in der Ausführung blass und aussageschwach. Die Weiterentwicklung des Verfassungsvertrages hält aber die Chance offen, das Christentum als Fundament einer europäischen Kultur- und Wertegemeinschaft noch in den Vertragstext aufzunehmen.

Die geistige Weite zur Transzendenz bewahrt vor allem vor einer Überschätzung des Rechts, das den Zusammenhalt einer Rechtsgemeinschaft und den inneren Frieden allein nicht gewährleisten kann. Gerade eine freiheitliche Verfassung stützt sich zwar auf staatlich bereitgestellte und gefestigte Institutionen, Maßstäbe und Verfahren, braucht aber auch die Wegweisung von Ethos und Moral, die der weltanschaulich neutrale Staat nicht anzubieten vermag. Gute Gewohnheit, Handelsbrauch, Treu und Glauben, Ortsüblichkeit, Observanz, die Vorstellungen „aller billig und gerecht Denkenden" und der polizeirechtliche Maßstab der ungeschriebenen „öffentlichen Ordnung" verweisen auf gesellschaftliche Entstehens- und Erkenntnisquellen für Verhaltensmaßstäbe, die außerhalb des positiven Rechts verbleiben, aber ähnliche Verbindlichkeitswirkungen entfalten. Müssten alle Anforderungen von Anstand, Rücksichtnahme, Selbstlosigkeit und Gemeinschaftsverantwortlichkeit im Gesetz begründet werden, entstünden Kodizes von einem Umfang, die niemand lesen, geschweige denn beachten könnte. Der freiheitliche Staat beweist seine Freiheitlichkeit insbesondere in einem Regelungsverzicht, der Verhaltensmaßstäbe individueller Verantwortlichkeit kulturell geprägter Lebenssicht und Lebenserfahrung überlässt.

Die Verfassung sichert somit jedem Menschen die Glaubensfreiheit, schützt also seine Gottesvorstellung, seine metaphysisch fundierte Welt- und Lebenssicht, sie eröffnet ihm für die gemeinsame Religionsausübung Zugang zu und Teilnahme an den Lehren und Lebensformen seiner Religionsgemeinschaft, garantiert dem Menschen aber auch in der negativen Religionsfreiheit, keinen Glauben haben zu müssen, religiöse und weltanschauliche Fragen für unerheblich zu erachten und aus dem eigenen Leben auszuklammern. Diese menschen- und grundrechtliche Garantie der Glaubens- und Religionsfreiheit verbietet es dem Staat, dem Bürger Glauben und Religion vorzugeben; sie hindert aber das demokratische Staatsvolk nicht, die Weite seines Denkens im Religiösen auch seiner Verfassunggebung zugrunde zu legen, dieses im Verfassungstext auszudrücken und damit als Orientierungs- und Auslegungshilfe für seine Grundrechtsgarantien und Institutionen zu benennen. Gerade der Staat, dessen Rechte und Handlungsweisen auch auf die kulturellen Freiheiten der Kunst, der Wissenschaft und der Religion angelegt sind, stärkt die Voraussetzungen dieser Freiheit und Demokratie, wenn er diese Verfassungsprinzipien in ihren Voraussetzungen bewusst macht und festigt.

## 6. Staatliche Entfaltungshilfen für Religion und Kirche

Die staatliche Garantie der Religionsfreiheit wird in der Schule zu einem konkreten Handlungsauftrag. Die staatliche Schule führt die Kinder in den Raum unserer Kultur, vermittelt ihnen Sprache, Mathematik, Musik und Computerwissen und macht die jungen Menschen dadurch grundrechtsfähig. Bei dieser Ausbildung und Erziehung ist es selbstverständlich, dass die Kinder Schreiben, Lesen und Verständnis für Dichtung in deutscher Sprache lernen, weil diese Sprache für Verständigung und Kultur in Deutschland prägend ist. Sie lernen Rechnen in den Zahlen und Rechenarten, die unserer Wirtschaft und Technik zugrunde liegen. Im Musikunterricht begegnen die Schüler den Komponisten und Instrumenten, die unsere Musik in Geschichte und Gegenwart bestimmen. Der Unterricht am Computer bereitet sie auf die Techniken und Instrumentarien vor, die hier gebräuchlich sind und angeboten werden. Die Schule vermittelt Fähigkeiten, Fertigkeiten und Einsichten, die in unserer Kultur gewachsen sind, gelebt werden, die unsere Zukunft aus unserer Herkunft bestimmen.

Gleiches gilt für die Religion. Wenn der Staat eine Grundbildung und Grunderziehung in den Schulen vermittelt, darf er dabei den Lebensbereich des Religiösen nicht ausnehmen und die eigene Kultur des Christlichen nicht vernachlässigen. Dennoch scheinen wir gegenwärtig ängstlich, die Kinder auch in den Raum der Religionskultur einzulassen. Sie sollen im Vorhof dieses Raumes verbleiben, um in ihrem Denken und Handeln nicht religiös und christlich geprägt zu werden. Damit verharrten sie bewusst in religiöser Unmündigkeit. Der Staat wiese seinen Schülern den Weg zum Areligiösen, obwohl seine Verfassung den Weg zum Religiösen verheißt.

Allerdings darf der religiös-weltanschauliche Staat den Schüler nicht in eine bestimmte Religion drängen. Die Entscheidung über den Religionsunterricht liegt deshalb bei den Eltern und später – mit wachsender Entscheidungsfähigkeit des Kindes und dem entsprechenden Zurücktreten der elterlichen Verantwortlichkeit – bei den Schülern selbst. Der Religionsunterricht stützt sich lediglich auf einen staatlichen Organisationsrahmen, wird aber inhaltlich von den Kirchen bestimmt und von den durch sie ermächtigten Lehrern erteilt. Bei der Benennung von Schulen nach christlichen Vorbildern, der Sichtbarkeit eines Kruzifix als Ausdruck des Christentums in Schulen, dem Schulbeginn mit einem Gottesdienst und der Präsenz von Geistlichen in der Schule bietet der Staat Entfaltungsmöglichkeiten für die positive Religionsfreiheit der Gläubigen, muss dabei aber die negative Religionsfreiheit der Andersgläubigen, Ungläubigen oder Desinteressierten achten. Würde er die Kultur des Christentums allgemein von der Schule fernhalten, bevorzugte er die Freiheitsberechtigten, die die Religion in der Schule nicht erleben wollen. Bestimmte der Staat das allgemeine schulische Leben nachhaltig durch die Lehren und Symbole einer Religion, so nähme er Partei für die Mitglieder dieser Religion und störte die Freiheit der Mitglieder anderer Religionen und der Nichtreligiösen. Der Staat ist deshalb zu einem schonenden Ausgleich zwischen religiöser Ausdruckslosigkeit und religiösem Bestimmungsanspruch verpflichtet. Er wird im allgemeinen Schulunterricht Religion nur sichtbar und erlebbar machen, soweit dieses nicht Andersdenkende verletzt. Religions- und Kirchenfreiheit sind Freiheit zu Religion und Kirche, sie verbieten deshalb die Verbannung des Religiösen aus der Schule, fordern aber Behutsamkeit, Takt und Kulturoffenheit für die Begegnung der Schüler mit dem Religiösen. Bei der Entscheidung, welche Religion das kulturelle Klima einer Schule prägen soll, verbleibt der freiheitliche Staat in der Tradition seiner Gesellschaft, folgt der mehrheitlichen Auffassung seiner Bürger und entfaltet deshalb eine allgemeine, den Andersdenkenden respektierende Kultur eines ökumenischen Christentums.

Auch in anderen Lebensbereichen ist es für die freiheitsberechtigten Menschen wichtig, auf ihre Frage nach Gott Antworten zu finden. Deshalb wird der Staat bei der sozialen Betreuung Bedürftiger, bei der ärztlichen Behandlung und Pflege von Kranken sowie bei der Betreuung von Alten das Leistungsangebot nicht allein staatlichen Institutionen vorbehalten, sondern vielmehr auch kirchliche Einrichtungen fördern, die dem Menschen in Not ein kirchlich geprägtes Leistungsangebot bieten, existenznotwendige Leistungen allerdings – nach kirchlichem Auftrag und verfassungsrechtlicher Erwartung – nicht nur Kirchenmitgliedern vorbehalten. Hier ereignet sich Freiheit in der organisatorischen und strukturellen Vielfalt der Leistungsträger.

Sodann hat das staatliche Recht das Leben der Menschen so zu formen, dass religiöse Entfaltung ermöglicht und erleichtert wird. Wenn das Verfassungsrecht den Sonntag und die staatlich anerkannten Feiertage als „Tage der Arbeitsruhe und der seelischen Erhebung" schützt, wird ein Rhythmus von Arbeitstagen, die durch Kulturtage unterbrochen sind, vorgegeben, der regelmäßig die Sonntage für die Freiheit zu Gottesdienst und Kirchlichkeit anbietet. Der Ablauf des öffentlichen Lebens, insbesondere die Geschäfts- und Erwerbstätigkeit, die Bauplanung und der Straßenverkehr müssen für Gottesdienste, kirchliche Prozessionen, Taufen, Eheschließungen und Beerdigungen offen sein. Religion und Kirchlichkeit beanspruchen in diesem öffentlichen Leben ihren Platz. Gegenwärtig muss der Gesetzgeber vor allem an der Berührungsstelle zwischen Wirtschaft und Religion gewährleisten, dass die Dominanz des Ökonomischen nicht die Kultur des Religiösen verdrängt; das staatliche Arbeitsrecht steht nicht der Mitternachtsmesse entgegen, das staatliche Wettbewerbsrecht hindert nicht die Entsorgungs- oder

Autowaschaktion der kirchlichen Jugend zugunsten der Dritten Welt, mag dadurch auch der erwerbswirtschaftliche Konkurrent einen Nachteil haben; die allgemeinen Regeln des Straßenverkehrsrechts müssen zeitweilig für die Anliegen einer kirchlichen Prozession verändert werden, mag dadurch auch der Autofahrer in seiner lieben Gewohnheit gestört sein.

Auch innerhalb der staatlichen Organisation behält der Mensch sein Freiheitsrecht auf Religion, soweit seine Organisationsabhängigkeit seinen Grundstatus als Mensch berührt. Deshalb muss der Staat insbesondere bei der Bundeswehr, in staatlichen Krankenhäusern oder in Strafvollzugsanstalten Vorkehrungen treffen, dass die Menschen dort ihre Religionsfreiheit wahrnehmen und ihren Kirchen begegnen können.

Schließlich sollte der Staat die verfassungsrechtlich gewährte Religionsfreiheit auch dadurch stützen, dass er bei geeigneten Anlässen die Kirchen einlädt, an Staatsakten mitzuwirken. Zwar wäre die Praxis der Vereinigten Staaten, Parlaments- oder Gerichtsitzungen mit einem Gebet zu eröffnen, uns eher fremd. Doch könnten staatliche Gedenk- und Festtage in „Verantwortung vor Gott" begonnen, staatliche Einrichtungen mit kirchlichem Segen eröffnet, kirchliche Hochfeste im Beisein von Staatsrepräsentanten gefeiert werden. Auch hier sollte der Staat öffentlich bewusst machen, dass religiöse Lehren und kirchliche Lebensgewohnheiten ein Fundament der freiheitlichen Verfassung sind.

## 7. Die Nachbarschaft von Staat und Kirchen

Das Zusammenwirken von Staat und Kirchen ist nicht nur eine Frage der Grundrechte, sondern eine des Staatskirchenrechts, in dem Staat und Kirche ihren je eigenständigen, aber auf ein Zusammenwirken angelegten Status in Verantwortung für die ihnen gemeinsam anvertrauten Menschen entfalten. Das Grundgesetz bewahrt in seinem Staatskirchenrecht die historische Erfahrung, dass der Konflikt zwischen Vernunft und Glaube, zwischen weltanschaulicher Neutralität und öffentlichem Bekenntnis, zwischen Säkularisierung und prinzipieller Religionsoffenheit jedes Menschen nicht nur den einzelnen Menschen oder gegenwärtige Gruppen von Freiheitsberechtigten betrifft, dass Religion und Bekenntnis vielmehr in den Kirchen Religionsgemeinschaften vorfinden, die religiöse Lehren, Lebensformen und Sinnstiftungen seit Jahrtausenden vermitteln und erneuern. Der Mensch erlebt und erdenkt Religion fast nie als Einzelner, auch nicht als eine in gegenwärtiger Freiheit gebildete Gruppe, sondern als Mitglied einer Kirche in kultureller Tradition und Erfahrung.

Dennoch fordern gegenwärtig prominente Stimmen des Verfassungsrechts, das Staatskirchenrecht durch ein „Religionsverfassungsrecht" zu ersetzen, die kollektive Religionsfreiheit also eher als Summe individueller Grundrechtswahrnehmungen zu verstehen und nicht auf den Institutionen einer Kirche abzustützen. Dadurch würde die Religionsfreiheit ihr wesentliches Fundament, die Kirchen, in der rechtlichen Gewährleistung verlieren. Die individuelle Religionsfreiheit braucht aber die institutionelle Festigkeit in der Kirche, in ihren Organisationen, Lehren und Wirkungsweisen. Wie die Wissenschaftsfreiheit sich in Deutschland ohne Universitäten kaum entfalten könnte, die Berufsfreiheit der Arbeitnehmer in Gewerkschaften und Verbänden eine feste Grundlage findet, der Rechtschutz ohne die Institutionen der Gerichte leer laufen würde, so braucht auch der religiöse Mensch die Gemeinschaft seiner Kirche, die Begegnung in einem gemeinsamen Glauben, die Pflege der Religion in gemeinsamen Formen, Riten und Lebensweisen. Individuelle Religionsfreiheit ist auf die Kirchen angewiesen.

Andererseits würden die Kirchen mit dem Verlust des Staatskirchenrechts ihren Status als Nachbar und Partner des Staates aufgeben und auf eine bloße Freiheit vom Staat zurückgeworfen. Zwar könnten die Kirchen das Grundrecht der Religionsfreiheit als juristische Person in Anspruch nehmen; die Rechtsfolge bliebe aber das Recht auf „ungestörte" Religionsausübung, nicht ein vom Staat gestütztes und bestätigtes öffentliches Wirken der Kirchen, die Sichtbarkeit der Religionen in Institutionen, ihren Repräsentanten, Lehren und Wirkungsweisen. Wer der individuellen und kollektiven Ausübung der Religionsfreiheit die Kirchlichkeit vorenthält, behandelt den Gläubigen wie einen Autofahrer, dem er Fahrgemeinschaften empfiehlt, ohne ihm eine Straße für seine Bewegungsfreiheit zur Verfügung zu stellen. Die Kirchen sind als Körperschaften des öffentlichen Rechts mit öffentlich-rechtlichem Wirkungsauftrag sichtbare Kirchen, die Gesellschaft und Staat mitgestalten, die Grundsatzwertungen des Gemeinwesens hervorgebracht haben und aktuell bekräftigen und die Bindungsfähigkeit und Zuwendungsbereitschaft der Menschen immer wieder erneuern. Religionsfreiheit ereignet sich in der Kulturgemeinschaft einer in zweitausend Jahren gewachsenen, religiösen Überlieferung, im Zusammenhalt der Lehren einer Schrift und ihrer gegenwartsgerechten Deutung durch kirchliche

Autorität, in der Nachhaltigkeit kirchlicher Verkündigung, institutioneller Freiheitsvorkehrungen und karitativer Zuwendung, in einer den einzelnen Menschen und die Generationen übergreifenden Kirchenorganisation.

Eine freiheitliche Verfassung wird ohne kirchlich fundierte Ethik und Moral, ohne eine Kultur der Gemeinwohlbereitschaft und Bindungsfähigkeit nicht gelingen. Die Kirchen werden ihren Auftrag zur Einwirkung und Durchdringung des öffentlichen Lebens in einem Grundrechtsschutz nicht vollständig verbrieft finden, sie sind vielmehr auf einen Gestaltungs- und Wirkungsstatus im öffentlichen Leben angelegt.

# III. Der Sozialstaat und das Geld

Wenn der freiheitliche Staat das Gelingen der menschlichen Gemeinschaft in die Hand der Freiheitsberechtigten gibt, und wenn diese insbesondere in der Religion Maßstäbe zur Wahrnehmung ihrer Freiheit – zum Erkennen der Handlungsalternativen, zu ihrer Beurteilung und zur langfristigen Bindung – gewinnen, so bietet das Wirtschaftsleben eine der Bewährungsproben für diese Maßstäbe. Die Lehren des Christentums für die Deutung und das Verstehen des menschlichen Lebens beziehen sich in vielen Grundsatzaussagen auf das Erwerbsstreben des Menschen, seine Eigenverantwortlichkeit sich selbst zu ernähren, seine Hoffnung auf Reichtum und auf den Wettbewerb um wirtschaftlichen Erfolg. Die Maßstäbe für diese Marktwirtschaft, die sozial sein soll, für dieses Streben nach Gewinnmaximierung, das nicht ins Grenzenlose weisen darf, für den unterschiedlichen Erwerbserfolg, der Ausdruck der Freiheit ist, aber auch an der Brüderlichkeit als dem dritten Ideal moderner Demokratien gemessen werden muss, sind heute im geltenden Recht verdeutlicht und im Detail in verbindlichen Rechtssätzen ausgeformt worden. Beim Kampf um das Geld geht es also weniger um ein staatlich gewährtes Freiheitsrecht, das von den Freiheitsberechtigten nach inneren Maßstäben der Verantwortlichkeit wahrgenommen werden muss, sondern um eine rechtliche Wirtschafts-, Währungs- und Steuerordnung, deren Richtigkeit immer wieder an Ethos und Moral zu überprüfen ist. Menschliches Verhalten gewinnt seinen Antrieb aus Neugierde, Geltungsdrang, Erwerbsstreben und

Sexualität; die Wirtschaftsfreiheiten bauen auf ein fast unerschöpfliches Streben nach Geld und Geltung. Berufliche Anstrengung und Eigentümerklugheit können aber zur Habgier werden, Gewinnstreben drängt ins Grenzenlose und damit ins Übermaß, so dass das Recht diesen Maximierungsverfahren ein Maß setzen, das Ethos dieses mäßigende Recht immer wieder neu ausrichten muss.

Mit der Vertreibung aus dem Paradies ist der Mensch gehalten, sich im Schweiße seines Angesichts selbst zu ernähren. Die Früchte fallen ihm nicht in den Schoß, werden nicht vom Sozialstaat frei Haus geliefert, sondern müssen durch Arbeit erworben, der Natur und dem Mitbewerber abgerungen werden. Die Menschen haben sich diesen Auftrag nachdrücklich zu Eigen gemacht. Der Tanz um das goldene Kalb bringt die Tanzenden in schwindelerregende Bewegungen und veranlasst Moses, die Gesetzestafeln zu zertrümmern: Das tanzende Volk ist der Gesetze nicht würdig, die es in das gelobte Land begleiten sollen. Auch die Gesetzestafeln des Wirtschaftsrechts können eine Ordnung für Beruf, Erwerb und Eigentum nur schaffen, wenn die Menschen in ihrem Kampf um das Gold ein Maß finden, sie ihr Erwerbsstreben als Teil einer Gesamtkultur verstehen und es begrenzen – wenn sie die dienende Funktion von Geld und Gut erkennen.

Die zehn Gebote fordern vor allem in dem Gebot „Du sollst nicht stehlen" die Achtung vor dem Eigentum des anderen, unterbinden auch Habsucht und Neid, warnen vor der Verführungsmacht des Geldes. Thomas von Aquin hat auf dieser Grundlage eine Lehre vom Eigentum entwickelt, dessen Erwerb sich durch menschliche Arbeit rechtfertigt, das als Verantwortungseigentum ausgestaltet ist und auch die Fähigkeit zur Selbstlosigkeit, die Bereitschaft zur gemeinnützigen Spende begründet. Diese Lehren von Mein und Dein, von Eigentum und Sozialpflichtigkeit, von Wettbewerb und Brüderlichkeit sowie von der individuellen Eigentümerverantwortlichkeit in der konkreten Lebenssituation gewinnen aktuelle Bedeutung unter den folgenden Voraussetzungen: wenn das konkrete Sacheigentum immer mehr durch ein fungibles Geldeigentum abgelöst wird (zu 1.); wenn der Sozialstaat in diesem Geld sein wichtigstes Handlungsmittel gewinnt (zu 2.) und die Eigentümermacht im allgemeinen Finanzmarkt und in den anonymen Kapitalgesellschaften immer weniger individuell verantwortet wird (zu 3.); wenn die privatwirtschaftlichen Maßstäbe zur Verteilung des Geldes, die Tauschgerechtigkeit im Wettbewerb und die staatlichen Verteilungsmaßstäbe sowie die in Treuhänderschaft wahrgenommene Bedarfs- und Beteiligungsgerechtigkeit zunehmend miteinander vermengt werden (zu 4.); wenn der Staat seine Finanzausstattung durch Steuern immer mehr dazu nutzt, dem Steuerpflichtigen durch steuerliche Anreize und Abreize ein Stück seiner Freiheit „abzukaufen" (zu 5.); wenn die menschliche Leistung, die Entgelt oder andere Formen der Anerkennung verdient, sachgerecht definiert werden muss (zu 6.) und wenn schließlich die Hoffnungen und Forderungen an den Sozialstaat diesen gänzlich zu überfordern drohen (zu 7.).

## 1. Das Geld

Geld tritt zunächst als Münze, als ein Stück Papier, als Kontostand, als Scheck in Erscheinung, in denen jeweils eine bestimmte Wirtschaftsgemeinschaft verspricht, eine benannte Summe Kaufkraft gegen Leistungen einzutauschen. Geld ist ein Zahlungsmittel, ein Bewertungsmittel und ein Mittel, um Kaufkraft für die Zukunft aufzubewahren.

Geld ist geprägte Freiheit (Dostojewskij) und damit die ökonomische Grundlage fast aller Freiheitsrechte. Wer die Freiheit der Medien in Anspruch nehmen, sich am Straßenverkehr beteiligen, eine Familie gründen, ein Haus bauen oder in eine Firma eintreten will, braucht Kapital. Dieses beschaffte sich der Freiheitsberechtigte im 19. Jahrhundert in der Regel durch das Betreiben eines Gewerbes oder die Bewirtschaftung von Land, heute stützt er seine Freiheit vor allem auf den Ertrag seiner Arbeit oder seines Kapitals sowie auf Ansprüche aus einer solidarischen Daseinsvorsorge und Zukunftssicherung.

Damit wird das Geld zu einem der wichtigsten Instrumente moderner Freiheiten und ist deswegen von Verfassungs wegen als Eigentum geschützt. Der Eigentümer mag seine Freude am Geld angesichts eines wachsenden Kontostands haben oder wie Dagobert Duck in seinen Münzen baden – er wird es vor allem nutzen, um daraus weitere Erträge zu erzielen. Er wird es verwalten, um in der bestmöglichen Anlageform die Rendite zu steigern. Er wird insbesondere über sein Geldeigentum verfügen, um es in Sachen, Dienstleistungen oder andere Währungen zu tauschen. Geld ist gehortete ökonomische Freiheit, es erlaubt den gegenwärtigen Konsumverzicht, um in der Zukunft mit gleicher Kaufkraft nachfragen zu können.

Die Verantwortung für den Geldwert trifft die Rechtsgemeinschaft, die Löhne, Preise, Zinsen und öffentliche Abgaben vereinbart. Die herkömmliche Vorstellung einer „National"ökonomie weist diese Verantwortlichkeit einem Staat zu; der Gedanke der „Volks"wirtschaft lässt eine demokratische Legitimation anklingen. Heute ist die Verantwortlichkeit für den Geldwert des Euro auf die Europäische Union übergegangen, deren Organe – insbesondere die Europäische Zentralbank – sich zwar auf einen Binnenmarkt, nicht aber auf eine europäische Wirtschaft stützen können, die ihrer Stabilitätspolitik vielmehr vernetzte Nationalökonomien und autonome Staatshaushalte zugrunde legen. Die verfassungsrechtlich und europavertraglich garantierte Preisstabilität, die einen möglichst gleichbleibenden Geldwert sichern soll, braucht deshalb eine von den Mitgliedstaaten gebotene, europäisch verstärkte Vertrauensgrundlage.

Der Geldwert ist einer der wichtigsten Inhalte der Generationengerechtigkeit. Wer heute auf die Ausgabe von 1 000 Euro verzichtet, erwartet von der nachfolgenden Generation, dass sie die gesparte Geldsumme auch in zwanzig Jahren für eine Gegenleistung von ähnlichem Wert austauscht. Der Geldwert stützt sich auf ein Einlösungsvertrauen, das nicht nur die gegenwärtigen Teilnehmer am Wirtschaftsleben, sondern auch ihre Kinder erfüllen. Geldpolitik ist deshalb auch Familienpolitik. Würde der deutschen Volkswirtschaft in dreißig Jahren wegen unseres Kindermangels ein Viertel der Akteure fehlen, also dem geldpolitischen „Generationenvertrag" ein Teil der Verpflichteten wegbrechen, so könnte das Stabilitätsversprechen nicht mehr erfüllt werden.

Der Geldwert ist schließlich auch eine Aufgabe internationaler Kooperation. Der Wert des Geldes bestimmt sich nicht nur nach dem Binnenwert, der Kaufkraft von Waren und Leistungen, sondern ebenso nach dem Außenwert, den Beziehungen zu anderen Währungen. Damit fordert das Geld für die internationale Ordnung eine besondere Grundlage des Vertrauens, der Zukunftsgerichtetheit und Verlässlichkeit. Je mehr Staaten und Wirtschaftsunterneh-

men in Währungsordnung und Beteiligungen miteinander
verbunden sind, je mehr sie also durch die Instabilität des
anderen selbst verlieren, desto mehr gewinnt die internationale Friedensordnung an pragmatischen Realisierungs-
chancen.


## 2. Die Handlungsmittel des Sozialstaates

Das Geld ist nicht nur ökonomische Grundlage individueller
Freiheit, sondern auch das wichtigste Handlungsmittel des
Sozialstaates. Der um eine Gerechtigkeit im Sozialen be-
mühte Staat sucht im Dreiklang moderner demokratischer
Gerechtigkeitsprinzipien – Freiheit, Gleichheit, Brüderlich-
keit –, das dritte Ideal möglichst Wirklichkeit werden zu las-
sen. Die Verfassungsstaaten verstehen den Menschen als
Subjekt mit unverletzlicher und unveräußerlicher Würde, als
Person, die zur Freiheit fähig und bereit ist und deren
Gleichheit in Freiheit ihr die Grundlage zur selbstbestimm-
ten Gestaltung ihres Lebens gibt.

Allerdings ist der Mensch nicht nur stark, urteilskräftig
und gestaltungsfreudig, sondern auch hilfsbedürftig, ratlos,
krank und ohne Arbeit. Der Rechtsstaat sieht den Menschen
vor allem im Willen und in der Kraft zur Freiheit, der Sozialstaat begegnet ihm in der Hilfsbedürftigkeit des Neugebore-
nen, des Erziehungsbedürftigen, Mutlosen, Arbeitslosen und
Altersgebrechlichen. Die verfassungsrechtliche Garantie der
Menschenwürde heißt jeden Menschen in der Rechtsgemeinschaft willkommen, mag er stark oder schwach, alt
oder jung, arm oder reich, gesund oder krank, leistungsfähig
oder hilfsbedürftig sein. Jeder Mensch, der in unserer
Rechtsgemeinschaft lebt, gehört zu ihr, nimmt als Zugehöri-

ger an den wirtschaftlichen, kulturellen und rechtlichen Standards dieser Gemeinschaft teil. Er hat insbesondere einen Anspruch darauf, nicht in Freiheit existenziell und kulturell zu verhungern. Diese Statusgleichheit jedes Menschen in den elementaren Lebens- und Freiheitsbedingungen ist ein Menschenrecht, das jedoch jeweils in der konkreten Ordnung eines Staates nach dessen Standards erfüllt wird: Der Mensch empfängt als Existenzminimum in Entwicklungsländern eine Hand voll Reis, an unseren Sozialstaat hingegen stellt er die Frage, ob Fernsehgerät und Telefon zur Minimalausstattung eines Lebens in Deutschland gehören. Sozialstaatlichkeit ist also auch Ausdruck der jeweiligen ökonomischen und rechtlichen Leistungsfähigkeit eines Staates.

Das wichtigste Handlungsmittel des Sozialstaates ist das Geld. Deckt er den Lebensbedarf eines Bedürftigen durch Sachzuwendungen, stellt er ihm insbesondere Nahrung, Kleidung und Wohnung zur Verfügung, so vermittelt er ihm weniger Entscheidungsfreiheit, als wenn der Sozialstaat die entsprechenden Geldmittel zuweist und damit dem Bedürftigen die Freiheit gibt, seinen individuellen Bedarf selbst zu bestimmen und eigenverantwortlich zu befriedigen. Geld ist das Blankett für wirtschaftserhebliches Handeln; die Sachleistung befriedigt einen staatlich definierten Bedarf.

Das faszinierende Freiheitsinstrument des Geldes, das dem Geldeigentümer Nachfragekraft vermittelt, ihm die konkrete Nachfrage aber für die Zukunft vorbehält, bietet dem Sozialstaat somit ein freiheitsgerechtes Instrument des Helfens. Der Staat hat stets die Geldleistung statt der Sach- und Dienstleistung zu wählen, solange die verfassungsrechtliche Vermutung nicht widerlegt ist, dass der

Mensch bei hinreichender Ausstattung mit Geldmitteln zur Eigenvorsorge fähig ist. Dieses Prinzip ist für die Sozialhilfe und das Alterseigentum geltendes Recht, sollte aber vermehrt auch auf das Gesundheitswesen und die Kinderbetreuung angewandt werden. Wenn die Krankenversicherung den Kranken durch Geldzuwendungen selbst zur Nachfrage nach Gesundheitsleistungen befähigt, gewinnt der Patient mehr Eigenverantwortlichkeit, andererseits übt er in seiner begrenzten Entgeltbereitschaft auch eine deutlichere Kontrolle gegenüber Arzt, Krankenhaus und Apotheke aus. Würde der Staat für die Kinderbetreuung nicht unentgeltliche Einrichtungen wie Kinderhort und Kinderkrippe, Kindergarten und vorschulische Qualifikationshilfen bereitstellen und den Eltern die dafür aufgewendeten Finanzmittel vielmehr als Geldzahlungen zuweisen, so übergäbe das Geld die Entscheidungs- und Kontrollkraft für die Kinderbetreuung den Eltern, die ihren Kindern ein Leben lang persönlich verbunden sind und deshalb am besten die Entscheidung treffen können, welches Betreuungsangebot – insbesondere die eigenständige Betreuung durch die Eltern oder die institutionelle durch eine Einrichtung – für ihr Kind das beste ist.

Der Sozialstaat kann leistender Wohltäter nur dann sein, wenn er vorher belastender Übeltäter gewesen ist. Ein freiheitlicher Verfassungsstaat finanziert sich grundsätzlich nicht aus staatseigenen Unternehmen, sondern aus der steuerlichen Teilhabe am Erfolg privaten Wirtschaftens. Er gibt über die Garantie von Berufs- und Eigentümerfreiheit die Produktionsfaktoren Arbeit und Kapital strukturell in private Hand, erwirtschaftet deshalb nicht selbst Erträge und Kaufkraft, sondern besteuert Einkommen und Konsum (Umsatz). Sozialstaatliche Leistung ist deshalb in gleicher

Höhe auch steuerliche Last. Der wirtschaftlich Erfolgreiche bezahlt für den wirtschaftlich Erfolglosen. Hier zeigt sich die Solidarität der Rechtsgemeinschaft, die starke Verbundenheit aller Rechtsbeteiligten im Setzen und Durchsetzen einer Rechtsordnung, die jedem einen gleichen Elementarstatus in Würde und Freiheit garantiert. Diese Solidarität ist zugleich Grundlage eines Subsidiaritätsprinzips, nach dem die Verbundenheit in einer kleineren Einheit, insbesondere der Familie, einer kirchlichen Gemeinschaft, der Ortsgemeinde oder einer Versichertengemeinschaft stärker ist als im Staat, so dass die jeweils kleinere und enger verbindende Gemeinschaft ihre Kraft des Helfens vorrangig einsetzt.

Die Solidargemeinschaft des Sozialstaates ist strukturell gestört, wenn eine Mehrzahl wirtschaftlich Erfolgreicher sich auf die Sozialstaatlichkeit beruft, um ihr komfortables Einkommen und ihre bequemen Lebensbedingungen weiter zu verbessern. Sozialstaatlichkeit meint nicht – etwa in den Tarifverhandlungen über einen besseren Lohn oder bei der Gesetzgebung über bessere Gehälter – eine Optimierung gegenwärtiger Lebensverhältnisse, die jede Sozialgemeinschaft überfordert. Wer einem anderen das Beste wünscht, handelt als Menschenfreund; wer dem anderen das für ihn Beste verbindlich vorgeben will, wirkt bevormundend und folgt einem Hang zum Totalitären. Auch im Sozialstaat bleibt das Recht eine Kultur des Maßes. Die Grundentscheidung für das Soziale berechtigt deshalb den Schwachen in existenzieller Not, nicht den Schwächeren, der im Vergleich mit anderen beobachtet, dass seine Lebensbedingungen noch besser sein könnten. Der Wille zum Besseren und Besten ist Antrieb für selbstbestimmte Freiheit, nicht für sozialstaatliche Bedarfsgerechtigkeit.

Der Sozialstaat baut deshalb darauf, dass 97 % Starke einen steuerbaren Überschuss erwirtschaften, aus dem für 3 % Schwache in rechtlicher Selbstverständlichkeit, freiheitsgerechtem Takt und generationenverantwortlichem Stil das Existenznotwendige gesichert wird. Würde sich die Mehrzahl der Menschen als sozial schwach definieren, widerlegte sich der Sozialstaat selbst. Der Sozialstaat teilt Geld neu zu, das nach dem Freiheitsprinzip zunächst von anderen verdient wurde, was in dieser freiheitlich begründeten Verschiedenheit also grundsätzlich gerechtfertigt ist. Das stärkere Gegenrecht des Bedürftigen setzt sich durch, weil der finanziell Leistungsfähige seine individuelle Leistungskraft nicht für sich beansprucht, soweit der andere deswegen unterhalb des sozial-kulturellen Existenzminimums leben müsste. Das – nie erreichbare – sozialstaatliche Ideal allerdings ist darauf ausgerichtet, dass jeder Mensch seine Bedürfnisse selbst definiert und aus eigener Kraft befriedigt, der Sozialstaat also keinen Euro umverteilen und keinen Beamten im Sozialamt beschäftigen müsste.

## 3. Die Anonymität des Geldeigentums

Der Vorzug des Geldes liegt also in der Offenheit seiner Verwendung. Wer über Geld verfügt, behält sich zukünftige Verwendungs- und Investitionsentscheidungen vor. Zugleich liegt aber in dieser Gegenstandslosigkeit des Geldeigentums auch die Gefahr anonymer, tendenziell verantwortungsferner Eigentümermacht. Wenn ein Unternehmenseigentümer seinen Wirtschaftsbetrieb persönlich führt, verantwortet er seine Unternehmenstätigkeit gegenüber seinen Kunden, Arbeitnehmern und Vorlieferanten mit seinem Namen und seinem Vermögen. Wer hingegen sein Geldeigentum einem Fondsmanager überlässt, ermächtigt ihn, die im Geld übergebene Kapitalmacht nach Belieben einzusetzen, um Rendite zu erzielen. Der Kapitalfonds schickt das Geldeigentum in Sekundenschnelle um den Erdball und platziert es dort, wo der größte Ertrag zu erwarten ist. Ob mit der Kapitalmacht des Geldeigentümers Kriege finanziert oder Krankenhäuser gebaut werden, ist für dieses Ertragssystem unerheblich. Das Geldeigentum wird ausschließlich als Ertragsquelle genutzt; der Eigentümer setzt seine Finanzmacht ein, ohne sie in ihren Wirkungen zu verantworten.

Die Gegenstandslosigkeit des Geldeigentums schwächt die Verantwortlichkeit des Eigentümers auch, wenn die Eigentümerrechte in Publikumsgesellschaften auf verschiedene Beteiligte verteilt werden: Der Anteilseigner investiert sein Geldeigentum in die Aktie, nutzt sein Eigentum also als Ertragsquelle und beschränkt sich im Übrigen auf eine Teilhabe an der Wertentwicklung des Gesamtunternehmens, die sich im Wert seiner Aktie spiegelt. Die Eigentümerrechte des Besitzes, der Verwaltung und der Lenkung des Gesamtunternehmens hingegen liegen beim Vorstand und beim Aufsichtsrat, teilweise auch bei den Kreditgebern. Der Anteilseigner an einer Publikumskapitalgesellschaft ist mehr Eigentümer eines Wertpapiers denn Teileigentümer eines Unternehmens. Wollte er auch nur die Vorstandsetage des von ihm mitfinanzierten Unternehmens betreten, müsste er sich bewusst machen, dass ihm ein Recht zum Betreten nicht zusteht. Die flexible und vielfach anonyme Eigentumsmacht des Geldes verschiebt die Verantwortlichkeiten vom Eigentümerunternehmer zu den Kapitalstrukturen eines Aktien- und Kreditmarktes. Der Vorstand einer Aktiengesellschaft beobachtet oft mehr den Kurs seines Unternehmens an der

Börse als die Entwicklung seiner Produkte in der Bilanz von Forschung und Entwicklung, er verfolgt mehr die Schwankungen seines Unternehmens im DAX als im Vertrauenswert seines Markennamens, wehrt eher feindliche Übernahmen ab, als dass er um Kunden würbe. Die Geldwirtschaft entpersönlicht das Eigentum, sie gefährdet teilweise die Garantie des Privateigentums in der Anonymität verantwortungsarmer Eigentümermacht.

Die leichte Verfügbarkeit des Geldes lockert die Eigentümerverantwortlichkeit, scheint aber auch den Zugriff auf fremdes Eigentum anzuregen. Während lebensbestimmende Unterschiede in Kinderreichtum und Kindermangel, größerer oder kleinerer Begabung, auch einer dank oder mangels Qualifikation erworbenen besseren oder schlechteren beruflichen Stellung als Ausdruck menschlicher Verschiedenheit akzeptiert werden, scheint der Unterschied in den Eigentumsverhältnissen umso weniger einsichtig zu sein, als dieser Unterschied nicht als persönlich genutztes Sacheigentum der eigenen Wohnung, der eigenen Bücher oder des eigenen Autos wahrgenommen wird, sondern als fungibles Geldeigentum die Phantasie vielfältiger Fremdnutzung anregt. Deswegen richten sich Umverteilungsanliegen vor allem auf das Geldeigentum. Steuern und Sozialabgaben werden zunehmend in Dienst genommen, um individuelle Einnahmen nicht nach Leistung – dem Einsatz von Arbeit oder Kapital –, sondern nach Bedarf zuzuteilen.

Das Geld verändert auch das Autonomieverständnis im Bundesstaat. Die Verschiedenheit der deutschen Bundesländer zwischen Küste und Alpen, Industriestruktur, Bankenmetropole und Ferienlandschaft, zwischen den verschiedenen Charakteren, Traditionen und regional geprägten Lebensformen scheint als föderale Vielfalt und bürgernahe

Eigenheit vorgefunden; bei der Finanzausstattung hingegen werden einheitliche oder zumindest ähnliche Lebensverhältnisse erwartet. Die Folge ist ein Finanzausgleich, der weniger Vorzüge und Nachteile einer Finanzpolitik dem Landesstaatsvolk belässt, das diese Politik durch Wahlen ermöglicht hat, als vielmehr die Finanzausstattung der Länder immer wieder so einander angleicht, dass der Anreiz zu einer wirtschaftlichen und sparsamen Haushalts- und Verschuldungspolitik geschwächt wird, ja dass selbst die Bereitschaft zu einem gleichen, auf den staatlichen Ertrag bedachten Vollzug der Steuergesetze durch die Länder zu leiden scheint. Wenn der Finanzausgleich bewirkt, dass ein Land bei der Einnahme von 1 000 Euro Steuerertrag mehr als 1 000 Euro im Finanzausgleich verliert, widerspricht dieses Ausgleichssystem ökonomischer Vernunft und verfassungsrechtlicher Bundesstaatlichkeit. Gelegentlich scheint sich im Bundesrat bei der Entscheidung über die Zustimmung zum Finanzausgleichsgesetz eine knappe Mehrheit als arm zu definieren, um die verbleibende Minderheit als reich zu behandeln und gelegentlich auch auszubeuten. Gesetzgebungs-, Regierungs-, Verwaltungs- und Rechtsprechungskompetenz sind zwischen den Bundesländern und zwischen Bund und Ländern trotz aller tatsächlichen Verschiedenheiten nach dem Prinzip der Autonomie durchweg gleich zugeteilt; die Finanzmacht im Geld hingegen weckt unter den Ländern immer wieder neue Begehrlichkeiten.

Der Hang zu Ungebundenheit und fast beliebiger Gestaltbarkeit verstärkt sich, wenn das Geldeigentum auf dem neuen Markt des geistigen Eigentums eingesetzt wird, auf dem nicht Waren und Dienstleistungen angeboten werden, sondern Filme, Patente, Computerprogramme oder Urheberrechte. Auf diesem Markt fehlt das Mäßigungsinstrument der Knappheit. Die Nutzung eines geistigen Eigentums kann beliebig oft gegen Entgelt überlassen werden, während eine Ware nur einmal verkäuflich ist. Das von einem Mönch in Lebensarbeit geschriebene Buch ist ein Kunstwerk von hohem Wert, das in der Gutenberg-Druckkunst gedruckte Buch ein beachtliches Wirtschaftsgut, der im Internet abrufbare Text gleichen Inhalts fast schon Gemeingut. Auf dem Markt des fast beliebig verbreitbaren geistigen Eigentums ist die einzige Schranke der Leistungsverteilung die Aufnahmebereitschaft der Nachfrageseite. Auf diese ergießt sich die Macht der Werbung. Ihre Wehrfähigkeit gegen die Verlockungen der Werbeangebote wird schwächer, wenn sie durch Überweisung oder Scheckkarte über Geld – ihren Kontostand oder auch einen Kredit – verfügt, ihre Gegenleistung also nicht so gegenständlich ist wie bei der Tauschwirtschaft. Der Einbruch des Neuen Marktes ist wesentlich durch den im Geld und im geistigen Eigentum angelegten, kaum gemäßigten Hang zum Übermaß verursacht.

Fungibilität und Anonymität des Geldeigentums fordern deshalb eine Neuordnung von Eigentumerwerb und Eigentümerverantwortlichkeit. Rechtfertigungsgrund für das Erwerben von Eigentum ist vor allem die Arbeit, Verantwortungsgrund der Eigentümerfreiheit der Einsatz von Eigentümermacht. Das Geldeigentum stellt uns vor die Aufgabe, die Eigentumsordnung neu zu schreiben.

## 4. Maßstäbe zur Verteilung des Geldes

Das knappe Gut Geld wird grundsätzlich nach dem Maßstab der Tauschgerechtigkeit, ergänzend nach Bedarfsgerechtigkeit, zugeteilt. Wer durch Arbeit einen Lohn, durch unternehmerische Tätigkeit einen Gewinn, durch Beitragszahlung einen Altersicherungsanspruch erwirbt, hat diese Einkommen verdient. Die Leistung rechtfertigt die Gegenleistung.

Der Staat folgt als Treuhänder seiner Geldgeber, der Steuerzahler, dem Prinzip der Bedarfsgerechtigkeit. Er setzt seine Haushaltsmittel für öffentliche Aufgaben und Einrichtungen ein, die der Allgemeinheit der Staatsbürger oder Inländer zugute kommen, ohne dass der Geldgeber wegen seiner Zahlungen eine bevorzugende Staatsleistung erwarten dürfte. Der Sozialstaat gewährt Sozialhilfe, weil der Empfänger bedürftig ist und die Sozialleistung gerade nicht entgelten kann. Der Rechtsstaat teilt Berechtigungen – den Führerschein oder die Baugenehmigung – nach Qualifikations- und Gemeinverträglichkeitskriterien zu und wehrt sich mit der Strafbarkeit jeder Bestechlichkeit gegen eine entgeltliche Vergabe der Rechte. Die Demokratie verlöre die Unbefangenheit und gleichmäßige Distanz zu allen Bürgern, wenn der Großsteuerzahler mehr Einfluss auf die Entscheidung der Staatsorgane gewönne als der Kleinsteuerzahler oder der Nichtsteuerzahler. Die Republik gäbe ihre Allgemeinwohlverantwortlichkeit auf, müsste sie die staatliche Leistung dem Entgeltbereiten und Entgeltfähigen vorbehalten.

Deshalb ist die marktwirtschaftlich-wettbewerbliche Tauschgerechtigkeit folgerichtig von der sozialstaatlichen Bedarfsgerechtigkeit zu unterscheiden. Bei der Tauschgerechtigkeit begründen Menschen Rechtsverbindlichkeiten für Güter und Leistungen, über die sie verfügen dürfen. Bei der Bedarfsgerechtigkeit verfügt der Staat in Treuhänderschaft für seine Steuerzahler über seine Haushaltsmittel und setzt sie für die Bedürfnisse der ihm anvertrauten Menschen ein. Staatliche Bedarfsdeckung bietet nicht Staatsleistungen um des Entgelts willen an, sondern wendet sich dem Bedürftigen zu – ähnlich der Caritas oder der Diakonie. Von der gemeinnützigen, privaten Zuwendung allerdings unterscheidet sich die sozialstaatliche Leistung häufig dadurch, dass der Bedürftige einen Rechtsanspruch gegen den Staat hat, er also die staatliche Leistung mit gleicher Verlässlichkeit erwarten darf wie ein Vertragspartner.

Diese unterschiedlichen Maßstäbe geraten durcheinander, wenn in einem Europa und einer Welt der offenen Grenzen die Menschen – Bedürftige, Steuerzahler und Unternehmen – ihren Standort wechseln und sich der Rechtsordnung eines anderen Staates unterordnen können. Dieses Recht zur Auswanderung und zur Einwanderung wird vielfach als ein „Wettbewerb der Rechtsysteme" missverstanden, in dem die Staaten mit ihren Angeboten um die bessere Rechtsordnung wetteifern und die Menschen dadurch zur Ansiedlung und Begründung eines Wohnsitzes einladen. Wem das deutsche Steuerrecht zu kompliziert erscheint, die Lebensmittelzulassung zu streng oder die betriebliche Mitbestimmung zu arbeitnehmerfreundlich, weicht diesem Recht durch Ansiedlung in einem anderen Staat aus und wählt dadurch die für ihn günstigere Rechtsordnung.

Diese Unterschiede nationalen Rechts erschließen tatsächlich Entscheidungsalternativen, solange das Europarecht und das Völkerrecht nicht einheitliche Rechtsmaßstäbe anbieten. Diese Rechtseinheit allerdings ist oft Bedingung grenzüberschreitenden Wirtschaftens und Begegnens. Der

Euro erübrigt die Wahl unter verschiedenen nationalen Währungen, weltweit einheitliche Vorstellungen vom zivilrechtlichen Vertrag geben dem Welthandel eine gemeinsame rechtliche Grundlage, Bemühungen um eine völkervertragliche Vereinheitlichung der Gerichtszuständigkeiten sollen die Wahl des Gerichtsstandes und damit die Chance erhöhter Schadensersatzansprüche ausschließen, ein OECD-Musterabkommen will die Grundregeln der internationalen Besteuerung auf einheitliche Prinzipien zurückführen.

Insoweit steht das Recht nicht in Alternativen zur Verfügung, die im Wettbewerb erreicht werden könnten, sondern ist bleibende Grundlage jeden Wettbewerbs. Demokratische Staaten umwerben nicht Kunden, sondern dienen ihren Staatsbürgern. Sie erfüllen ihre Aufgaben vielfach in gegenseitiger Abstimmung, ohne dabei einem Kartellverbot zu unterliegen. Sie suchen den anderen Staat nicht in „feindlicher Übernahme" zu verdrängen, sondern garantieren im Rahmen der UNO und der Europäischen Union dessen Status. Vor allem aber wird das Recht einseitig gesetzt, ohne Entgelt und Gegenleistung zu erwarten. Deshalb sollte jede bevorzugende Ansiedlungspolitik, die als „Entgelt" Steuereinnahmen erwartet, als bestechungsähnlicher Leistungsaustausch für Staaten und Bundesländer strikt untersagt sein. Der Gleichheitssatz fordert die Zuteilung von Rechten unabhängig von der Steuerkraft. Ebenso verbietet er einen Steuervorteil für den Ansiedlungsbereiten, weil Steuern nach Einkommen und Kaufkraft, nicht nach einem „Ansiedlungswettbewerb" bemessen werden. Der Rechtsstaat verfügt nicht individuell je nach Gegenleistungsangebot über Rechte – weder über Gewerbekonzessionen, Baugenehmigungen, Emissionsrechte, Subventionen noch Steuerpflichten. Jede Annäherung an Tauschprinzipien beschreitet den Weg zur Korrumpierung. Deshalb muss die Tauschgerechtigkeit wieder strikt auf die Verständigung über verfügbare Leistungen begrenzt, der Staat hingegen in den Maßstäben der Beteiligungsgleichheit gebunden werden. Die Tauschgerechtigkeit gilt deswegen für die öffentliche Hand nur, soweit der Staat seine Haushaltsmittel zum Erwerb von Waren und Dienstleistungen einsetzt. Im Übrigen folgt er – auch bei Subventionen und Steuerlasten – dem Prinzip der Gleichheit vor dem Gesetz, das abweichende Vereinbarungen ausschließt.

In dieser Unterscheidung wird sichtbar, dass das Geld in öffentlicher Hand eine andere Funktion gewinnt als in privater: Der Freiheitsberechtigte besitzt im Geld Verfügungsmacht zu beliebiger vertraglicher Gestaltung, der freiheitsverpflichtete Staat verwendet sein Geld nach den Vorgaben von Gesetz und Recht. Der Private erzielt Geldeinnahmen aufgrund Vertrages und dank vertraglicher Geschicklichkeit, der Staat nimmt Steuer- und Abgabeerträge strikt nach Gesetz entgegen. Beim Privaten ist der individuelle Vertragswille Rechtsgrund für Geldansprüche und Geldverpflichtungen, beim Staat liegt die Entscheidungshoheit über Steuern und Haushalt beim Parlament, das in der Formenbindung des generell abstrakten Gesetzes und in der materiellen Verpflichtung auf den Gleichheitssatz seine Entscheidungen trifft.

## 5. Die Finanzausstattung des Staates

Der Staat erwirtschaftet seine Steuererträge nun nicht im Leistungstausch, sondern durch steuerliche Teilhabe am Erfolg privaten Wirtschaftens. Zwar gibt der Staat das Steueraufkommen insgesamt durch Staatsleistungen an die Allgemeinheit der Steuerpflichtigen zurück. Diese Leistungen bestehen aber in Staatsorganen und Staatsorganisationen, im Setzen und Durchsetzen von Recht, in der Gewähr von Sicherheit durch Polizei und Verteidigungskräfte, in der Erschließung von Gütern im Gemeingebrauch und in der Krisen- und Daseinsvorsorge.

Wollte der Staat für die gewährte Sicherheit bei allen Haushaltungen monatlich eine Sicherheitsgebühr eintreiben, für die vertragsrechtliche Befähigung zum rechtsverbindlichen Vertragsschluss eine Vertragsgebühr erheben oder für die Ausbildung von Hochschulabsolventen von deren zukünftigem Arbeitgeber eine Hochschulabschlussgebühr fordern, so verlöre er die innere Souveränität und Unbefangenheit. Er könnte Rechte nur noch nach Zahlungsfähigkeit und Zahlungsbereitschaft zuteilen, müsste seine Leistungen jeweils in einzelnen Leistungsrechtsbeziehungen aufsplitten und auf Gegenleistungen ausrichten, hätte auf alle sozialstaatlichen Leistungen nach Bedarf zu verzichten, könnte weniger Leistungsschwache an das allgemeine Leistungsniveau heranführen und müsste mehr die gegenwärtig Leistungsstarken entsprechend ihrer Nachfrage mit Staatsleistungen bedienen. Das demokratische Staatsvolk verlöre den inneren Zusammenhalt in der Bürgergleichheit, die Republik ihre Allgemeinverantwortlichkeit gegenüber jedermann ungeachtet von Verdienst und Leistung.

Das Grundgesetz hat die Grundsatzentscheidung getrof-

fen, dass der Staat sich nicht durch eigene Unternehmer-
tätigkeit finanziert, er also nicht als Herrscher über Preise
und Löhne im wirtschaftlichen Wettbewerb seinen Gewinn
sucht, sondern sich durch steuerliche Teilhabe am Erfolg
privaten Wirtschaftens, also aus Steuererträgen finanziert.
Wenn das Grundgesetz in der Garantie von Berufsfreiheit
(Art. 12) und Eigentümerfreiheit (Art. 14) die Produktionsfaktoren Kapital und Arbeit strukturell in private Hand gibt,
so bleibt ihm nur die Möglichkeit, steuerlich an der Produk-
tivität privaten Wirtschaftens teilzuhaben. Die Steuerfinan-
zierung beweist die Freiheitlichkeit der konkreten Wirtschaftsverfassung.

Wenn der Gesetzgeber sodann über die konkreten Zugriffsstellen des Steuerrechts entscheidet und bestimmt, ob
der Mensch je Kopf, Grundstück, Gewerbebetrieb, Luxus-
aufwand, Einkommen oder Umsatz belastet werden soll, so
sucht er wiederum die freiheitsschonendste Belastung. Er
mindert nicht einen dem Eigentümer und Erwerbstätigen
auf Dauer zustehenden Bestand, belastet also nicht seine Ar-
beitskraft, sein Gewerbekapital, sein Vermögen, in dieser
Struktur auch nicht sein Grundstück, sein Kraftfahrzeug
oder seinen Hund, sondern begründet Zahlungspflichten
immer dann, wenn der Steuerpflichtige die Erwerbs- und
Tauschmöglichkeiten der Rechtsgemeinschaft genutzt und
dadurch einen individuellen wirtschaftlichen Vorteil erzielt
hat. Wer den erreichbaren Vorteil mindert, belastet weniger,
als wer einen vorhandenen Bestand verringert.

Deshalb entsteht eine Einkommensteuer, wenn der Steuerpflichtige das staatliche Vertragsrecht und seine Gerichte
genutzt hat, um eine gewinnträchtige Vereinbarung zu treffen und durchsetzen zu können, wenn er im staatlichen
Währungsrecht seinen Preis bestimmen konnte, dem staatli-

chen Schul- und Bildungssystem seine qualifizierten Arbeits-
kräfte verdankt und wenn sein Leistungsangebot durch die
Nachfragekraft der Rechtsgemeinschaft zu einem Einkommen geführt hat. Diese Nutzung von Markt und Recht
rechtfertigt die Einkommensteuer, macht sie aber nicht
zum Leistungsentgelt. Belastungsgrund ist nämlich nicht
ein individueller Austausch von Erwerbsmöglichkeiten und
Steuern, sondern der generelle Finanzbedarf des Staates,
der dort steuerlich befriedigt wird, wo der Mensch seine Zugehörigkeit zu Staat, Rechts- und Marktgemeinschaft individuell genutzt hat.

Der Steuerpflichtige zahlt seine Steuer insbesondere, weil
sein Leistungsangebot einen Nachfrager gefunden hat, der
seine Leistung zu erkennen und durch Honorierung anzuerkennen bereit und in der Lage ist. Van Gogh konnte kaum
eines seiner Bilder verkaufen; heute werden für seine Werke
Millionenentgelte erzielt. Schumann ist in Armut verstorben,
obwohl seine Kompositionen noch heute die Konzertsäle
füllen. Deswegen ist es gerechtfertigt, diese Rechtsgemeinschaft steuerlich am individuellen Einkommenserfolg teilhaben zu lassen.

Gleiches gilt für die indirekten Steuern. Wer einen 500-Eu-
ro-Schein in der Tasche trägt und einen gewaltigen Durst ver-
spürt, wird in Deutschland einen vergnüglichen Abend vor
sich haben; stünde er in der Wüste, würde er verdursten.
Auch hier rechtfertigt die von der Staats- und Marktgemeinschaft bereitgestellte Infrastruktur den steuerlichen Zugriff:
Wer seine Kaufkraft zum Erwerb der von ihm gewünschten
Leistung einsetzen konnte, muss einen maßvollen Teil dieser
Kaufkraft zur Finanzierung der Gesamtstruktur abgeben.
Die freiheitskonformen Zugriffsstellen für die Steuer sind
deshalb strukturell das Einkommen und der Umsatz.

Das moderne Steuerrecht belastet deshalb nicht die bloße Leistungsfähigkeit nach dem Prinzip: „Wer hat, der soll geben." Es rechtfertigt den steuerlichen Zugriff vielmehr aus dem Zuwachs an Leistungsfähigkeit, der aus einem von der Rechts- und Marktgemeinschaft abgeleiteten Vorteil erwächst. Dieser Vorteil bezeichnet nicht ein Tauschentgelt, sondern eine Entwicklung individueller finanzieller Leistungsfähigkeit, die der Betroffene freiwillig durch Marktnutzung herbeigeführt hat. Steuerlicher Belastungsgrund ist der Erfolg privatwirtschaftlichen Tauschens, auf den der Staat nach dem Prinzip der gleichen Teilhabe und der maßvollen Last steuerlich zugreift.

Dieses Prinzip einer gleichen Besteuerung privatnützigen Leistungserfolges steht grundsätzlich Steuerprivilegien entgegen. Die Steuer ist ein Finanzierungsmittel, kein Instrument, um den Bürger zu lenken oder bestimmte Verhaltensweisen zu prämieren. Das geltende Steuerrecht begründet insoweit einen Krisenbefund, der nach energischer rechtsstaatlicher Therapie verlangt. Es bietet dem Steuerpflichtigen steuerliche Entlastung an, wenn er in den Schiffsbau investiert, ein Filmfonds zeichnet, Windräder betreibt, denkmalgeschützte Bauwerke nutzt oder einer Verlustzuweisungsgesellschaft beitritt und damit einer Erwerbsgemeinschaft angehört, die zumindest steuerlich nach dem Gegenteil von Gewinn strebt.

Durch diese steuerlichen Anreize wird der Steuerpflichtige zu wirtschaftlichen Entscheidungen veranlasst, die er allein aus steuerlicher Vernunft nicht treffen würde. Er investiert um des steuerlichen Vorteiles willen in Wohn- und Büroräume, die sich später nicht vermieten und deshalb auch nicht veräußern lassen. Die Steuer wird zum Anreiz, um Kapital fehlzuleiten und zu vernichten. Diese Fehllenkung ist strukturell in der Steuervergünstigung angelegt: Verhaltensweisen, die der Steuerpflichtige aus eigener wirtschaftlicher Vernunft wählt, brauchen keinen steuerlichen Anreiz. Diesem bleibt deshalb die Funktion, den Menschen in die ökonomische Unvernunft zu führen. Der Steuerverzicht ist ein Geldgeschenk, das weder von der steuerlichen Lastengleichheit noch von einer Tauschgerechtigkeit her gerechtfertigt werden kann. Es widerspricht den Prinzipien von Rechtsstaat, Demokratie und Steuerstaatlichkeit.

## 6. Die entgeltwürdige Leistung

Geld und Einkommen werden dank individueller Leistung erworben. Erwerbsgrund ist in der Regel die menschliche Arbeit, daneben auch der Einsatz von Kapital, der dem arbeitenden Menschen die zum Erwerb notwendigen Instrumente, Organisationsstrukturen und sonstige Arbeitshilfen zur Verfügung stellt, die ihm seine Erwerbstätigkeit ermöglichen oder erleichtern. Der Gelderwerb durch Arbeitslohn oder Arbeitsgewinn ist anerkannt. Allerdings gilt nicht die Umkehrung, dass jede ertragreiche Leistung auch zu einem Einkommen führt. Caritas und Diakonie lassen uns täglich erleben, dass auch die selbstlose Arbeit Sinn stiftet und individuelle Anstrengung auch in anderen Erfolgen als dem Erwerb ihr Ziel findet. Ehrenamtliche Selbstlosigkeit ist eine der Grundlagen unserer freiheitlichen Gesellschaft und Kulturstaatlichkeit.

Diese Kraft zur mitmenschlichen Zuwendung, zum lebensbegleitenden Verstehen, zur Verpflichtung gegenüber Gemeinwohl und individueller Bedürftigkeit darf nicht kommerzialisiert werden, nicht in Strukturen einer Tauschgerechtigkeit verkümmern und veröden. Sie sollte zwar anerkannt werden, insbesondere durch öffentliche Ehrungen, durch das Recht, an hohen Festen eine Rede zu halten, durch Aufmerksamkeit und Würdigung in den Medien, die sich den Erfolgen des Ehrenamtes in ähnlicher Weise widmen sollten wie den Ergebnissen von Wirtschaft und Politik. Vielleicht könnte, wenn täglich der DAX über die Wertentwicklung der 30 besten deutschen Unternehmen berichtet, einmal im Monat ein Kultur-DAX über die Leistungen des Ehrenamtes informieren.

Viele Arbeitsleistungen sind qualifizierende Vorstufen für zukünftige Berufstätigkeiten, in denen der Qualifizierte Begegnung, Anerkennung und Einkommen erreichen will. Die Leistung des Schülers und Studenten erstrebt förmliche Bestätigung seiner intellektuellen und beruflichen Qualifikation, die ihm einen Status verbesserter Lebensbedingungen und größerer Berufschancen sowie höheres Ansehen erschließt.

Daneben erbringen Menschen aber individualnützige und gemeinschaftsdienliche Leistungen, die durch Einkommen anerkannt werden sollten. Wenn die Eltern Kinder hervorbringen und – traditionell die Mütter – diese erziehen, sichern sie der Rechtsgemeinschaft in der nachfolgenden Generation die Zukunftsfähigkeit, ohne die eine Demokratie ihr Staatsvolk verlieren, die Wirtschaft ihre Zuwachsraten einbüßen, dem Generationenvertrag der zweite Vertragspartner wegbrechen würde. Deutschland braucht gegenwärtig nicht mehr Autos und mehr Computer, sondern mehr Kinder.

Deswegen liegt es in einer Gesellschaft, in der Anerkennung durch Einkommen vermittelt wird und Honor und Honorar ähnliche Aussagen treffen, nahe, auch die Eltern wegen ihrer Erziehungsleistung an den Einkommensströmen zu beteiligen. Die Erziehungsleistung ist nicht nur entgeltwürdig, wenn sie von der Kindergärtnerin, der Sozialtherapeutin oder dem Lehrer erbracht wird, sondern ebenso, wenn die Eltern ihre Kinder – rund um die Uhr und ohne Urlaubszeiten – erziehen und ein Leben lang verantwortlich begleiten. Das Bundesverfassungsgericht fordert deshalb im Sozialversicherungsrecht wie im Steuerrecht die Anerkennung der Erziehungsleistung auch bei Bemessung der Versicherungsleistungen und der Steuerlast. Es spricht nicht mehr vom Familienlastenausgleich, der an den Kriegsfolgenlastenausgleich erinnert und auf die Kompensation eines Unglücks verweist, sondern von Familienleistungsausgleich, um den finanziellen Ausgleich einer erbrachten Leistung zu fordern. Unsere Leistungsgesellschaft muss deshalb bei der Zuteilung von Einkommen über die individualvertragliche Tauschgesellschaft hinausdenken und auch die Leistungen honorieren, die dem Vertragspartner zwar gegenwärtig nicht zugewendet werden, langfristig aber für alle Rechtsbeteiligten – für ihr individuelles Wohlergehen und die Entwicklung der Rechts- und Marktgemeinschaft – wesentlicher sind. Die Maßstäbe zur Verteilung von Einkommen und damit die Verteilungsgerechtigkeit in der Verfügungsgewalt über Geld sind also fehlerhaft. Unsere Leistungsgesellschaft muss sich deshalb auf ihr Grundprinzip besinnen und die elterliche Erziehungsleistung entgelten. Gefordert ist ein Familieneinkommen, das sich aus der elterlichen Erziehungsleistung rechtfertigt. Verfassungsrechtlich geboten ist eine vorrangige Berechtigung der Eltern im Generationenvertrag, die zu diesem „Vertrag" das Wesentliche, den zweiten Vertragspartner, beigetragen haben. Auch ist dem Gesetzgeber aufgegeben, die steuerlichen Lasten so zu bemessen, dass die Familien nicht übermäßig besteuert werden. Eltern können bei der Einkommensteuer den Teil ihres Einkommens, der dank Unterhaltspflicht gegenüber den Kindern für sie nicht verfügbar ist, für Steuerzahlungen nicht verwenden; deshalb muss das Einkommen in Höhe der Unterhaltspflicht von der einkommensteuerlichen Bemessungsgrundlage abgezogen werden. Die indirekten Steuern haben den existenznotwendigen Bedarf – insbesondere bei der Umsatz- und bei der Öko-Steuer – zu entlasten, weil die Familien mit kleinem Einkommen ihr gesamtes Einkommen konsumieren müssen und dabei gegenwärtig fast 20 % indirekte Steuern auf ihr Einkommen zu tragen haben, während der Großverdiener bei seiner Investitions- und Spartätigkeit die indirekte Steuer voll vermeiden kann.

## 7. Die Überforderung des Sozialstaates

Das Postulat einer leistungsgerechten Zuteilung von Einkommen darf den Sozialstaat nicht überfordern. Die Gegenwart einer überhöhten Staatsverschuldung, einer Verrechtlichung wünschenswerter Staatsleistungen zu Ansprüchen ungeachtet der Haushaltslage, einer Subventions- und steuerlichen Klientelwirtschaft, in der Begünstigte und Schenker auf immer neue Staatsleistungen drängen, verlangt aber eine prinzipielle Überprüfung des Rechts der Staatsleistungen und Steuern. Die Staatsleistung hat strikt dem Bedarfsprinzip zu folgen und damit eine Immunität gegen Interessengruppen zu entwickeln. Das Steuerrecht ist nur als Finanzierungsinstrument gerechtfertigt, das allein dem Prinzip der Lastengleichheit folgt und auf steuerliche Lenkungen verzichtet. Die Staatsleistungen sind insgesamt, soweit sie nicht durch einen Leistungstausch veranlasst werden, dem Grunde, zumindest aber der Höhe nach an die jährlichen Haushaltsmittel zu binden. Der Kredit sollte für den Staat als Finanzierungsinstrument ausgeschlossen werden. Auf dieser Grundlage eröffnet sich eine gesetzgeberische Perspektive, den staatlichen Steuerertrag zunächst für die unverzichtbaren Pflichtaufgaben des Staates einzusetzen, dann den Bedürftigen ein Existenzminimum zu sichern, in dritter Dringlichkeit aber die Familienleistungen zu entgelten. Der Rechtsstaat gewinnt seine Gerechtigkeit vor allem auch in einer zukunftsgerechten Gestaltung der Lebens- und Freiheitsbedingungen seiner Bürger. Dieses Grundprinzip hat uns bereits Montesquieu bewusst gemacht, als er die Gründe für den Untergang Roms analysierte. Die nach damaligem Staatsverständnis gesunde demokratische Struktur des alten Rom ging verloren, als der Staat den Römern das anstrengungslose, aus Kriegsbeute zu finanzierende Einkommen versprach und die Römer deshalb die Zugehörigkeit zu ihren Familien nicht mehr pflegten, weil sie alles Lebensnotwendige vom Staat und nicht mehr von ihren Familien erwarteten. Der deutsche Staat verspricht seinen Bürgern nicht das anstrengungslose Einkommen, bemisst aber viele Staatsleistungen unabhängig von Bedarf und Leistung, lockert in einer überbordenden sozialen Daseinsvorsorge die innere Bindung in Ehe und Familie und gefährdet damit seine eigene Zukunft. Gerade die moderne Geldwirtschaft führt zu den Untergangsanalysen von Montesquieu, die nicht nahes Unheil voraussagen, sondern Abhilfemöglichkeiten gegen das drohende Unheil empfehlen.

# IV. Nationale Rechtskultur in Europa

Die staatliche Gewähr von Frieden, Freiheit und Existenzsicherheit setzt traditionell eine Nation, eine Demokratie, ein Staatsvolk, eine gemeinsame Kultur in Sprache, Geschichte und Lebensauffassung voraus. Zu diesen Bedingungen der Staatlichkeit tritt die Weltoffenheit, die Begegnung mit anderen Kulturen hinzu. Im weltweiten Reisen, Wirtschaften und Austauschen bietet der Staat einen verlässlichen Ausgangs- und Rückkehrpunkt. Zugleich empfängt er aber einen Erneuerungsauftrag, der einer weltoffen erlebten Freiheit ein kulturelles Fundament bieten und somit die Bedingungen der eigenen Kultur wahren und anderen Rechtsgemeinschaften die kulturellen Voraussetzungen dieser Freiheit anbieten muss.

Erste Voraussetzung einer freiheitlichen Demokratie ist die Nation, ein in den Vereinten Nationen anerkannter, in Deutschland aber schwieriger Begriff (zu 1.). Der deutsche Verfassungsstaat ist besonders auf eine Europa- und Weltoffenheit hin angelegt – er bestätigt in seiner Mitgliedschaft im europäischen Staatenverbund seine Zugehörigkeit zu Europa (zu 2.) und bietet Europa auf seiner „Suche nach seiner Seele" eine auch in Deutschland geformte und erprobte europäische Kultur (zu 3.). Die Fortbildung des Europäischen Unionsvertrages soll die Wirtschaftsgemeinschaft zu einer politischen Wertegemeinschaft umgestalten, dabei aber den Staatenverbund nicht zu einem Bundesstaat werden lassen; sie ist also keine Verfassunggebung, sondern eine Vertragsänderung (zu 4.). Europa braucht gegenwärtig in einer Phase der Erweiterung um zehn Mitgliedstaaten und der fortgesetzten Bemühungen um eine Verdichtung der europainternen Rechtsbindung eine kulturelle Mitte (zu 5.), bietet dem herkömmlichen Gedanken der Gewaltenteilung eine moderne Bewährungsprobe (zu 6.) und bedarf gegenüber den neuen Anfragen an das Europarecht einer grundlegenden Reform (zu 7.).

## 1. Die Nation

Der Bürger findet seine politische Mitte in seinem Staat, der ihm ein Leben in Frieden, in der ihm vertrauten Kultur, in verfassungsrechtlich gewährter Freiheit garantiert. Diesem Staat wächst gegenwärtig die zusätzliche Aufgabe zu, in der Vielfalt und Vielsprachigkeit der völkerrechtlichen und europarechtlichen Rechtsbindungen alle in Deutschland geltenden Normen zusammenzuführen, inhaltlich aufeinander abzustimmen, in deutscher Sprache zu übermitteln und unter den Bedingungen des nationalen Rechts zur Wirkung zu bringen.

Der Staatsbürger sieht sich aber nicht nur der Gewalt seines Staates gegenüber, die seine Sprache spricht, seine Kultur und Geschichte teilt und ihm in verfassungsrechtlicher Gebundenheit und politischer Orientierung vertraut ist, sondern erlebt zugleich eine europäische Hoheitsgewalt, die durch ihm kaum bekannte Personen verkörpert wird, ihm in nur wenig sichtbaren und geläufigen Organen begegnet und die ihm eher fern und fremd erscheint. Das Staatsvolk erlebt seine Zusammengehörigkeit als französisches, englisches, italienisches oder deutsches Volk, es baut nicht auf eine Zusammengehörigkeit im Verbund dieser Völker.

Der Menschenrechtsberechtigte erfährt die Europäische Union vor allem in ihrem Kernbereich als eine Wirtschaftsgemeinschaft, die den Menschen gemäß den Prinzipien von Marktfreiheit und Wettbewerb vornehmlich als Produzenten und Konsumenten sieht und ihn weniger in seinen kulturellen und familiären Rechten zur Entfaltung bringt.

Gerade in der gegenwärtigen Rechtswirklichkeit sich überschneidender, teilweise auch gegenläufiger Rechtskreise braucht der Mensch die Kulturgemeinschaft des demokratischen Staatsvolkes, das sich auf der Grundlage einer gemeinsamen Geschichte, einer prinzipiell lebenslänglichen Staatsangehörigkeit, einer geografischen und kulturellen Zusammengehörigkeit sowie gemeinsamer wirtschaftlicher Anliegen zusammengehörig weiß und sich Organe gibt, um ein in dieser Gemeinschaft verbindliches Recht zu setzen und durchzusetzen. Dieser für die Demokratie notwendige Befund eines vorgefundenen Staatsvolkes bildet den Ausgangsgedanken der Nation. Eine in ihrer Kultur zusammengehörige Gemeinschaft von Menschen nutzt diese Zusammengehörigkeit, um daraus einen demokratischen Staat, eine der Freiheit des Einzelnen verpflichtete Rechtsgemeinschaft, eine Gruppe sozialen Zusammenhalts zu bilden. Und dieser Zusammenhalt bildet in seiner politischen Bedeutung den Kerngehalt der Nation.

Deswegen definieren sich fast alle Staaten dieser Erde selbstbewusst als Nationen, die in der UNO vereint sind. In Deutschland allerdings ist der Begriff der „Nation" ein schwieriger. Schon das Heilige Römische Reich Deutscher Nation hatte nicht die Kraft, die Partikularinteressen der Fürsten in der deutschen Sprach- und Kulturgemeinschaft so zu einigen, dass sie dem Kaiser für seine nationalen Aufgaben die notwendige Grundausstattung bereitgestellt hätten. Später hat die Teilung der Christenheit in Deutschland mehr Kriege verursacht, als dass sie nationale Verwaltungseinheiten zugelassen hätte, wie sie in der Nachbarschaft Deutschlands als fast selbstverständlich entstanden sind. Im 18. und 19. Jahrhundert stand der Gegensatz zwischen Preußen und Österreich der Bildung einer Nation entgegen. In der Paulskirche sprachen die Abgeordneten beim Bemühen um eine deutsche Verfassung von einem Volk ohne Nation. In der ersten Hälfte des vergangenen Jahrhunderts ist dann der demokratisch-rechtsstaatliche Gedanke der Nation zum nationalen verkümmert, hat sich in einer verfremdenden Kombination von National- und Sozialismus schlechthin diskreditiert. Die Folge war eine Trennung Deutschlands in zwei Staaten, die im jahrzehntelang wirksamen Wiedervereinigungsvorbehalt eine innere Zugehörigkeit der Staatsbürger zu ihrer Nation erschwerte und letztlich in einem eher formalen Verfassungspatriotismus seine politische Mitte suchte.

Erst in der Gegenwart des wieder vereinigten Deutschlands, seiner gefestigten staatlichen Struktur und staatspolitischen Aufgabe ist es möglich, Deutschland wieder in der Unbekümmertheit der Sprache der Vereinten Nationen und des europäischen Unionsvertrages als Nationalstaat zu bezeichnen, die strukturellen Garantien der Staatsverfassung in der nationalen Kultur und ihren Menschen zu verankern. Erst in diesem Tatbestand einer kulturell verwurzelten, verfassungsrechtlich geformten Nation begreift Deutschland sich wieder als gleichberechtigtes Mitglied der Staatengemeinschaft und wird von den anderen Staaten auch so gesehen und anerkannt.

## 2. Der Staatenverbund

Jeder Staat beansprucht Staatshoheit, die oberste und letzte Gewalt, um Recht und Frieden nach innen zu gewährleisten, die Unabhängigkeit von anderen Staaten zu wahren und die staatliche Gemeinschaft gegenüber Dritten zu repräsentieren. Die Hoheit des Staates sichert den Zusammenhalt im Staat, wenn Gruppen seine Einheit gefährden oder die Autorität des Rechts und damit den inneren Frieden schwächen. Auch nach außen beansprucht der Staat die Souveränität, gegenüber anderen Staaten mit der maßgeblichen Stimme für das Staatsvolk zu sprechen, über das eigene Gebiet zu bestimmen und über die Rechtsbeziehungen zu anderen Staaten zu entscheiden.

Allerdings übersteigen die Staatsaufgaben von jeher die Leistungsfähigkeit eines einzelnen Staates. Universale Menschenrechte wurzeln in einer staatenübergreifenden Wertegemeinschaft und drängen auf internationale Gewährleistungs- und Kontrollsysteme. Der Weltfrieden ist nur in einem weltweiten System kollektiver Sicherheit zu gewährleisten. Global tätige Wirtschaftsunternehmen haben die Grenzen der Nationalökonomie längst überschritten. Der Umweltschutz fordert gemeinsame, generationenübergreifende Vorkehrungen aller Staaten. Informations- und Nachrichtensysteme nehmen Landesgrenzen nicht zur Kenntnis. Wanderungsbewegungen von Immigranten und Flüchtlingen erreichen mehrere Kontinente. Wissenschaft und Technik pflegen seit Jahrhunderten die Zusammenarbeit in aller Welt. Die Medien, der Sport und das Reisen finden nur noch im staatenübergreifenden Recht ausreichende Maßstäbe. Die Staaten sind deshalb auf die Zusammenarbeit in übergreifenden Organisationen angelegt.

Diese kooperationsoffene Staatensouveränität ist historisch überkommen. Das römische Recht hat das Fundament einer europäischen Wirtschaftsgemeinschaft begründet, die dem Wirtschaften ein gemeinsames Recht in gemeinsamer – lateinischer – Sprache zugrunde legte. Die katholische Kirche hat jahrhundertelang ihren Einfluss im Dienst einer europaweit geltenden Rechtsordnung auf die Staaten und deren Vorläufer ausgeübt. Die Hansestädte haben eine Art teileuropäischer Wirtschaftsgemeinschaft entwickelt und praktiziert. Adelsfamilien in Europa haben das Familien- und Erbrecht genutzt, um staatenübergreifende politische Gemeinschaften zu begründen.

Wechselseitige Bindung und rechtlicher Zusammenhalt unter Staaten ist also für die Rechtsgeschichte in Europa geläufig. Allerdings hat die Europäische Gemeinschaft dieses Prinzip am deutlichsten ausgeprägt, als sie einen „Staatenverbund zur Verwirklichung einer immer engeren Union der – staatlich organisierten – Völker Europas" organisierte, wie es das deutsche Bundesverfassungsgericht qualifizierte. Die Eigenart dieser in der Chiffre der Überstaatlichkeit (Supranationalität) angedeuteten Besonderheit dieser Gemeinschaft liegt in ihrer erheblichen, aber begrenzten Fülle von Hoheitskompetenzen der immer stärker werdenden Gemeinschaftsgewalt, des begrenzten Vorrangs des Gemeinschaftsrechts vor dem nationalen Recht und der unmittelbaren – nicht jeweils durch nationale Organe vermittelten – Geltung des Europarechts in den Mitgliedstaaten.

Allerdings verfügt die Europäische Union nicht über eine eigene Finanzgewalt, sie finanziert sich vielmehr über Anteile und Zuweisungen aus mitgliedstaatlichen Steuererträgen. Sie hat kaum eigene Vollstreckungsorgane und ist deshalb auf die Vollzugsorgane ihrer Staaten angewiesen.

Sie wird getragen von der langfristigen, aktuellen Zustimmung ihrer Mitgliedstaaten, die Herren der Verträge sind und also auch das Recht hätten, aus der Union auszutreten. Die wesentliche demokratische Legitimation empfängt die Europäische Union als Gemeinschaft ihrer Mitgliedstaaten durch die nationalen Staatsvölker und ihre Parlamente, nicht durch ein – nichtexistierendes – europäisches Staatsvolk und das „Europäische Parlament", das nicht Gesetz- und Budgetgeber ist, sondern an der Gesetzgebung und Haushaltsplanung durch den Europäischen Rat, einem Exekutivorgan, beteiligt wird.

Der Charme dieser Europäischen Union liegt darin, dass sie stets in Entwicklung, immer unfertig, ständig eine Baustelle ist und deswegen auf Erneuerung und Erweiterung drängt, dass sie aber andererseits keinen Mitgliedstaat in die Zwangsjacke unausweichlicher Mitgliedschaft bindet, sondern von der aktuellen Zustimmung der Mitgliedstaaten getragen wird. Die Europäische Union bildet die historisch einmalige Chance eines gefestigten, stetigen Friedens in Europa, eines freien Wirtschaftens und wissenschaftlichen Austausches im europäischen Binnenmarkt, einer gemeinsamen Vertretung europäischer Interessen in der Weltgemeinschaft der Staaten und auf den Weltmärkten, vielleicht auch einer gemeinsamen europäischen Wertungsmitte in einer europaeigenen Kultur der Freiheit und Demokratie.

## 3. Von der Wirtschaftsgemeinschaft zur politischen Wertegemeinschaft

Europa ist gegenwärtig auf dem Weg, die in seiner Tradition entwickelten und gefestigten Werte zum Fundament der Rechtsgemeinschaft zu machen, Europa „auf der Suche nach seiner Seele" (Jacques Delors) in das Ziel europäischer, kulturbestimmter Werte zu führen. Gegenwärtig ist die Europäische Union eine Gemeinschaft der großen Zukunftsversprechen und der kleinen Gegenwartsschritte. Die Union verheißt eine Grundrechte-Charta, die bis heute nicht geltendes Recht geworden ist, vom Europäischen Gerichtshof allerdings wie Recht gehandhabt werden soll. Die Union stellt einen Verfassungsvertrag in Aussicht, obwohl eine Verfassung im Rechtssinne – die Grundordnung eines Staates – nicht gemeint ist und auch ein Verfahren der Verfassunggebung durch die Staatsvölker und ein europäisches Staatsvolk nicht eingeleitet wird. Europa organisiert Wahlen zu einem Europäischen „Parlament", das allerdings weder die Gesetzgebungskompetenzen noch die Budgethoheit besitzt. Die Gemeinschaft zielt in ihrer Präambel auf eine „immer engere" Union, leitet also eine Integrationsdynamik ohne Haltepunkt ein und verkennt damit die Funktion des Rechts als einer Kultur des Maßes. Der Vertrag verkündet eine Wirtschafts- und Währungsunion, auch wenn gegenwärtig allein die Währungsunion Wirklichkeit geworden ist. Er spricht vom „Unionsbürger", obwohl die Union keine Personalhoheit hat und es ein europäisches Staatsvolk nicht gibt. Auch die Benennung der Union als „Europäische" bezeichnet die Gemeinschaft, die sie werden will, nicht diejenige, die sie gegenwärtig – als teileuropäische Union – ist.

Dennoch ist die Europäische Union keine Gemeinschaft der großen Worte, sondern ein Staatenverbund mit einer europäisch fundierten Wertungsmitte. Europa prägt in seiner christlichen, in Humanismus und Aufklärung vertieften Vorstellung von der Menschenwürde, die jedem Menschen Individualität, Existenzsicherheit und Freiheit zuspricht, ein Fundamentalprinzip des Rechts, das die gewachsene europäische Kultur der Gegenwart bestimmt und deshalb für die Union bestimmend sein kann. Aus diesem Prinzip erwächst der Anspruch der freiheitsberechtigten Bürger, demokratisch auf die Hoheitsgewalt einzuwirken, sie durch Wahlen zu legitimieren oder auch abzulösen. Ein wirksamer Schutz der Menschenwürde und der daraus folgenden Menschenrechte führt zu den Grundrechten, zu den Institutionen der Gewaltenteilung und dort insbesondere zu den Gerichten, die den Gewaltunterworfenen in Waffengleichheit die rechtliche Gegenwehr gegen hoheitliches Unrecht erlauben.

Allerdings hatte der „Verfassungskonvent" nicht die Kraft, diese kulturellen Wurzeln der europäischen Werteordnung zu benennen. Der Vorschlag, in der Präambel vom Christentum als Fundament und geistig-religiösen Erbe Europas zu sprechen, in dem sich die Union auf die unteilbaren und universalen Werte der Würde des Menschen, der Freiheit, der Gleichheit und der Solidarität gründe, ist nicht verwirklicht worden. Diese Aussage ist zwar historisch offensichtlich richtig. Sie ist jedoch in den Vertragsentwurf nicht übernommen worden, weil die Mitgliedstaaten unterschiedliche Vorstellungen von der Religionsfreiheit entwickelt haben. Während viele Staaten insbesondere im anglo-amerikanischen Rechtskreis unter Religionsfreiheit die Freiheit der Religionen vom Staat verstehen, weil ihre Geschichte von staatlicher Bevormundung von Religion und Kirche erfahren hat, deutet Frankreich die Religionsfreiheit als Freiheit des Staates von der Kirche, weil die Kirche über viele Jahrzehnte den französischen Staat und seine Vorläufer dominiert hat. Das deutsche Staatskirchenrecht sieht Staat und Kirche in einer Nachbarschaft, die eine gemeinsame, wenn auch andersartige Verantwortlichkeit für denselben Menschen trifft, der Staatsbürger und Kirchenmitglied zugleich ist.

In der Rechtspraxis allerdings hat der Europäische Gerichtshof bisher die aus diesem geistig-religiösen Erbe folgenden Menschenrechte rechtsvergleichend aus den mitgliedstaatlichen Verfassungen abgeleitet und europäische Hoheitsakte daran gemessen. Jetzt treten weitere, allen Mitgliedstaaten gemeinsame Werte von „Pluralismus, Toleranz, Gerechtigkeit, Solidarität und Nichtdiskriminierung" hinzu. Diese appellativen Feststellungen müssen nunmehr für das Rechtsverhältnis zwischen Union, Unionsbürgern, Staatsvölkern, Berechtigten der Grundfreiheiten, Grundrechtsberechtigten und Mitgliedstaaten verdeutlicht und individuell konkret zur Wirkung gebracht werden. Europa bleibt ein unfertiges Haus, in dem die Europäer zwar schon wohnen können, das aber noch viel Kraft der Architekten und Baumeister fordert.

## 4. Vertrag und Verfassung

Der Europäische Konvent hat den Entwurf eines Vertrages für eine europäische Verfassung vorgelegt, hofft also, einen „Verfassungsvertrag" zu begründen. Dieser Begriff ist ein Widerspruch in sich. Die Verfassung ist die dauernde

Grundordnung eines Staates, der Vertrag eine Vereinbarung unter Staaten. Die Verfassung regelt die stetigen, unverzichtbaren Prinzipien des staatlichen Gemeinwesens, während der Unionsvertrag die Vereinbarungen eines Staatenverbundes enthält, in dem die Mitgliedstaaten einen Teil ihrer Hoheitsgewalt gemeinsam ausüben wollen. Der „Verfassungsvertrag" ist begrifflich das runde Quadrat – ein beunruhigender Rechtsbefund, weil Recht in Sprache, in klaren Begriffen überbracht wird.

Nun mag der allgemeine Sprachgebrauch es erlauben, jemanden – auch die Europäische Union – „in guter Verfassung" zu sehen, ihr also gute Gesundheit, Kondition und Handlungsfähigkeit zuzusprechen. Auch redet das Recht gelegentlich von der „Wirtschaftsverfassung" oder „Kommunalverfassung", wenn es die Grundstruktur von Kapitalgesellschaften oder Kommunen bezeichnen will. Dieser flüchtige Sprachgebrauch ist unbedenklich, soweit mit ihm nicht konkrete Rechtsaussagen verbunden und bestimmte Geltungs- und Vorrangansprüche verknüpft werden.

## 5. Erweiterung und Verdichtung

Eine „Europäische" Union sucht alle europäischen Staaten zu vereinen, in einer „immer engeren" Union der Staatsvölker die rechtliche und politische Gemeinsamkeit ständig zu vertiefen und zu erweitern. Deshalb gilt für die europäische Integration seit Jahren die Maxime, die Union gleichzeitig erweitern und verdichten zu wollen.

Die gegenwärtige Erweiterung um zehn neue Mitgliedstaaten lehrt jedoch, dass neue Mitgliedstaaten schonende Übergänge und behutsame Anpassungen brauchen. Das neue Mitglied kann nicht an einem Stichtag seiner bisherigen Rechtsordnung das Europarecht überstülpen, es muss vielmehr seiner Landwirtschaft, seinen Industrieunternehmen, seinem Handel und seiner Wissenschaft Gelegenheit geben, sich langsam vom bisherigen Recht zu verabschieden und auf die neue Rechtsordnung einzustellen. Würde man diese Unternehmungen von heute auf morgen dem freien Wettbewerb mit seinen Produktionsbedingungen, seinen Preisen, seiner Organisationskraft und Werbemacht aussetzen, so wären diese sich vorsichtig entfaltenden Wettbewerber der Macht der großen europa- und weltweit handelnden Unternehmen kaum gewachsen. Die Integration würde wegen dieser Unterschiede mehr zerstören als aufbauen.

Andererseits hat die Europäische Union ihre Gestaltungsmittel bisher allein auf die früheren Mitglieder ausgerichtet und insbesondere ihre Finanzkraft vollständig auf diesen Adressatenkreis verteilt. Würden nunmehr zu einem Stichtag zehn weitere Berechtigte hinzutreten und nach den bisherigen Verteilungsmaßstäben wegen ihres Nachholbedarfs oft auch vorrangig berechtigt sein, so würden Leistungserwartungen bisheriger Mitglieder enttäuscht, oft auch rechtliche Zusagen unerfüllt bleiben. Der Staat der erweiterten europäischen Integration würde Misstrauen säen, sich in Verteilungskämpfen verheddern und die neuen Mitglieder deutlich verhaltener willkommen heißen.

Deswegen erweist sich das Postulat einer gleichzeitigen Erweiterung und Verdichtung wiederum als eine gefährliche Übertreibung. Die europäische Rechtsgemeinschaft braucht auch hier Augenmaß, Gelassenheit, Nachhaltigkeit. Der ständige Wechsel der europapolitisch verantwortlichen Akteure darf nicht in ständige Erfolgszwänge drängen, die Europa strukturell kaum verbessern, jedoch überzogene Erwartungen an ein besseres Europa neu wecken.

Die Europäische Union ist auf ein für alle Mitgliedstaaten einheitlich geltendes europäisches Recht hin angelegt, hat aber mit der Gründung einer Währungsunion nur für einen Teil der Mitgliedstaaten sowie im Schengener Abkommen und in der Verteidigungsgemeinschaft dieses Prinzip gelockert und erlaubt nun ein Europa der unterschiedlichen Geschwindigkeiten, in dem für bestimmte Mitgliedstaaten nur ein Teil des Europarechts verbindlich ist. Mit dem Beitritt weiterer Mitgliedstaaten werden die Rechts- und Wirtschaftsstandards innerhalb der Gemeinschaft erneut in einem langfristigen Übergangsrecht abgestuft. Es entstehen unterschiedliche Europarechtskreise von differenzierter Dichte und Reichweite. Die These von der gleichzeitigen Verdichtung und Erweiterung der Europäischen Gemeinschaft ist damit mehr Wunsch als Wirklichkeit.

## 6. Gewaltenteilung

Auch der für den Verfassungsstaat bestimmende Gedanke der Gewaltenteilung zeigt, wie sehr Europa sich seiner Besonderheit als Staatenverbund und als noch entwicklungsbedürftige Rechtsgemeinschaft seiner Rechtsstrukturen vergewissern muss. Das Gewaltenteilungsprinzip hemmt und mäßigt staatliche Macht, ordnet aber auch den Entscheidungsgegenstand sachgerecht dem entscheidenden Organ zu. In ihrem menschenrechtlichen Ursprung handelt die Gewaltenteilung von den Rechtsbeziehungen zwischen Bürger und Staat und gibt dem Grundrechtsberechtigten in der dritten, rechtsprechenden Gewalt Rechtsschutz gegen Parlament und Regierung. Innerhalb des Demokratieprinzips mäßigt und ordnet die Gewaltengliederung die Staatsgewalt insbesondere gegenüber der Volksvertretung, die keineswegs alle Staatsgewalt im Parlament bündelt, vielmehr im Rahmen einer Aufgabenteilung wirkt, die jeder Staatsgewalt und ihren Organen einen Kernbereich von Aufgaben vorbehält, der von der jeweiligen Institution nach Personal, Ausstattung und Verfahren am besten erfüllt werden kann. Unter zeitlichem Aspekt bedeutet Gewaltenteilung, dass die Gesetzgebung sich vorrangig der Zukunft widmet, die Verwaltung mit der Gegenwart befasst ist und die Rechtsprechung die Vergangenheit rechtsverbindlich beurteilt.

Dieses klassische Gewaltenteilungsprinzip wird gegenwärtig ergänzt und erweitert durch eine bundesstaatliche Funktionenteilung zwischen Bundes- und Länderorganen, durch eine Labilität der auf Wiederwahl angelegten Regierung und eine Stabilität der vom Lebenszeitprinzip geprägten Verwaltung, und schließlich durch die Finanzverfassung, die der Finanzmächtigkeit des Staates in einer gesonderten Funktionenordnung sowie durch Rechnungslegung und Rechnungskontrolle Grenzen setzt. Diese modernen Erscheinungsformen gewaltengeteilten Staatshandelns werden zunehmend zu Wirkungsbedingungen des Rechtsstaates, wenn im Parteienstaat der Gegensatz zwischen Parlament und Regierung durch die bestimmende Macht der die Regierung tragenden Parlamentsparteien überspielt wird, zumal die Regierungsmitglieder zudem in der Regel auch Mitglieder des Parlaments sind.

Der Gewaltenteilungsgedanke hat sich nunmehr auch im Verhältnis zwischen Mitgliedstaaten und europäischen Organen zu bewähren. Die Aufteilung von Hoheitsgewalt auf Unionsorgane und staatliche Organe bewirkt eine Funktionsteilung, die Entscheidungskraft bündelt, das Zusammenwirken verschiedener Hoheitsorgane organisiert und auch eine Hemmung und Kontrolle der Gewalten veranlasst. Innerhalb der Gemeinschaft bestätigt der Vertrag das klassische Gewaltenteilungsprinzip in der Gerichtsbarkeit: Der Europäische Gerichtshof entspricht den Maßstäben eines Rechtsprechungsorgans. Wenn er sich gelegentlich noch immer als „Motor der Integration" versteht, droht er von der rechtlich kontrollierenden zur rechtsgestaltenden Gewalt überzuwechseln. Regierung und gesetzgebende Gewalt hingegen sind in der Europäischen Union nicht deutlich voneinander getrennt, weil Gesetze und Verordnungen im Wesentlichen vom Rat, einer Regierungsgewalt, gesetzt werden. Das Demokratieprinzip verlangt deshalb eine Stärkung des Europäischen Parlaments, vor allem aber eine deutliche Legitimation der europäischen Organe durch die Parlamente der Mitgliedstaaten. Die Legitimationsgeber sind die Staatsvölker der Mitgliedstaaten, so dass ihre Wahl – oder auch Abstimmungsentscheidungen das Fundament für eine Demokratie in Europa bilden.

In der Zeitdimension scheint der europäische Staatenverbund fast eine Gemeinschaft ohne Gegenwart. Der verfassungsrechtliche Rahmen der Integrationsermächtigungen drängt auf zukünftige Entwicklungen, die Exekutivorgane sind wesentlich mit der zukunftsgerichteten Rechtsetzung befasst, Regierung und Verwaltung arbeiten an der Ausweitung und Verdichtung der Gemeinschaft. Selbst der Europäische Gerichtshof geriert sich als Integrationsgarant und Motor europäischen Fortschritts. Andererseits wird die Europäische Union auch durch Organe der Verstetigung und Kontinuitätsgewähr bestimmt, insbesondere durch die für einen gleich bleibenden Geldwert verantwortliche Zentralbank, durch den für einen gediegenen, langfristigen Haushaltsvollzug verantwortlichen Rechnungshof und durch eine ihren judiziellen Charakter betonende Europarechtsprechung der mitgliedstaatlichen Gerichte. Auch eine Funktionenteilung zwischen europäischer Rechtsetzung und mitgliedstaatlichem Rechtsvollzug, zwischen europäischem Finanzbedarf und mitgliedstaatlicher Finanzhoheit, zwischen europäischem Rechtsentscheid und mitgliedstaatlichem Rechtszwang wahrt eine neue Ausgewogenheit von Zukunftsgestaltung und Stetigkeit in Europa.

Staaten und Staatenverbund stehen somit in einem Kooperationsverhältnis, das im Verfassungsstaat seinen Ursprung und seinen rechtlichen Rahmen findet, in den Staatsvölkern seine Widmung und Verantwortlichkeit, im Gemeinschaftsvertrag seine konkreten Aufgaben, Kompetenzen und Befugnisse. Die Europäische Union kann als Gemeinschaft von Staatsvölkern und Staaten nicht eine staatsrechtliche Gewaltenteilung verwirklichen, wohl aber eine neue Form der Gewaltenzuteilung und Gewaltenbalance entwickeln, die den menschenrechtlichen und demokratischen Anforderungen an das Gewaltenteilungsprinzip voll gerecht wird.

## 7. Die Erneuerung der Europäischen Union durch die Verfassungsstaaten

Der europaoffene Verfassungsstaat ist also beauftragt, das Europarecht als werdendes Recht so fortzubilden, dass die staatsrechtlichen Grundprinzipien von Rechtsstaat, Demokratie, Föderalismus, sozialem Staatsziel und Menschenrechten sachgerecht auf den europäischen Staatenverbund übertragen werden. Ziel ist dabei nicht, die Europäische Union einem Staat anzunähern, sondern die Verfassungsprinzipien eines Staates so zu wandeln und zu erneuern, dass sie einer Staatengemeinschaft gerecht werden.

Deswegen sind Aufgaben und Kompetenzen zwischen Europäischer Union und Mitgliedstaaten so aufzuteilen, dass die Hoheitsgewalt grundsätzlich bei den Mitgliedstaaten liegt, diese ihre Hoheitsgewalt aber gemeinsam in der Europäischen Union wahrnehmen, wenn nur diese gemeinschaftliche Hoheitsgewalt der Aufgabe gerecht wird. Die Europäische Union ist deshalb vor allem zuständig für den grenzüberschreitenden europäischen Markt des Wirtschaftens, der Wissenschaft und der Begegnung, für grenzenlos wirkende Medien, für den von einem einzelnen Staat unerfüllbaren Auftrag des Umweltschutzes, für Emigrations- und Asylrecht, für die Gegenwehr gegen internationale Kriminalität, für das Recht der europaweit wirkenden Unternehmen, für Fragen der gemeinsamen Außen- und Verteidigungspolitik. Der Mitgliedstaat hingegen ist verantwortlich für die Verfassungsstruktur seines politischen Lebens, das Setzen und Durchsetzen einer staatlichen Rechtsordnung mit der Garantie von Grundrechten, innerem und äußerem Frieden, sozialer Existenzsicherung, Bildung und Ausbildung, wirtschaftlicher Arbeitsteilung, des politischen und kulturellen Marktes der Medien und Meinungen, der Pflege der Kultur, der bürgernahen Gestaltung von Regionen und Gemeinden. Der Mitgliedstaat gibt seinen Bürgern eine politische Mitte. Er öffnet als Mitglied der Europäischen Union für seine Bürger eine grenzüberschreitende Weite in Europa. Er ist schließlich verantwortlich für die inhaltliche Abstimmung, verbindliche Vermittlung und individuelle Erläuterung der den Bürger treffenden Rechtsverbindlichkeiten aus unterschiedlichen – staatlichen, europäischen und völkerrechtlichen – Rechtskreisen. Der Staat führt in seinen Rechtsorganen alles für seine Bürger geltende Recht zusammen, bringt es dort zum Gleichklang, vermittelt es als Sprecher des gesamten in seinem Gebiet verbindlichen Rechts an den Bürger und wirkt als Verstehenshelfer in seiner Sprache, seiner Rechtstradition und den in seinem Gebiet geläufigen Anfragen an das Recht.

Diese Aufgaben- und Gewaltenverteilung verlegt manche Aufgaben, insbesondere der Agrar- und Strukturpolitik, sowie der Daseinsvorsorge in die Staaten zurück, andererseits weist es der Europäischen Union im Bereich von Sicherheit, Außenpolitik, Medienpolitik und Zuwanderung neue Verantwortlichkeiten zu. Im Rahmen dieser klaren, für den Bürger einsichtigen Ordnung politischer Verantwortlichkeiten müssen sodann die Aufgaben der europäischen Organe neu bestimmt werden. Das Demokratieprinzip mündet für den Staatenverbund nicht in einen Gesetzgebungs- und Budgetparlamentarismus, sondern eher in ein von den mitgliedstaatlichen Parlamenten legitimiertes und geleitetes System gemeinsamer Hoheitswahrnehmung in Europa. Die Entscheidungskraft der Organe ist weitgreifender auf das Mehrheitsprinzip auszurichten. Dabei folgt die Europäische Union – wiederum als Gemeinschaft der Staaten folgerichtig – nicht allein der Mehrheit der Bürger, sondern auch der Mehrheit der Staaten. Beide Forderungen nach einer dem Staatenverbund in Struktur und Mehrheitsprinzip gerecht werdenden Demokratie könnten in einem Zweikammersystem zusammengeführt werden, das aufgeteilt ist in ein aus den Abgeordneten der nationalen Parlamente gebildetes Europäisches Parlament und einen aus jeweils einem Vertreter der Regierung der Mitgliedstaaten gebildeten Senat. Die Regierung wird in ähnlicher Weise von einem durch sie gebildeten Rat und einer die Gemeinschaftsinteressen besonders wahrenden Kommission gebildet.

Bei der Erneuerung der Handlungsmaßstäbe der europäischen Organe oder des von ihnen gesetzten materiellen Rechts ist die Eigenheit der Europäischen Union zu beachten, der die wesentlichen Eigenschaften eines Staates fehlen und die deshalb auf das Fundament der Mitgliedstaaten angewiesen ist. Die Europäische Union besitzt keine eigene Gebietshoheit, sondern leitete ihr Gebiet vom Staatsgebiet ihrer Mitgliedstaaten ab. Sie übt keine umfassende Personalhoheit über die Unionsbürger aus, sondern bestimmt den Unionsbürger nach der Staatsangehörigkeit in einem Mitgliedstaat. Sie ist eine Vereinigung der Völker Europas, nicht ein von einem europäischen Staatsvolk getragener Staat. Die Gemeinschaftsgewalt wird durch das Prinzip der begrenzten Einzelzuständigkeiten beschränkt; der Gemeinschaft fehlt die für den Staat typische Kompetenz, sich selbst neue Aufgaben und Zuständigkeiten zuzusprechen. Die Union bestimmt ihre rechtliche und politische Entwicklung nicht selbst, sondern wird insoweit von den Mitgliedstaaten, den „Herren der Verträge" geleitet.

Wenn das europäische Haus somit in Fundament und Erdgeschoss von den Mitgliedstaaten bestimmt und getragen wird und die Europäische Union sich nur auf dieser Grundlage im Obergeschoss entfaltet, dann bestimmt das Leben im europäischen Geschoss selbstverständlich auch Struktur und Charakter des gesamten Hauses. Die Mitgliedstaaten leiten die Entwicklung der Europäischen Union und die Union beeinflusst die Entwicklung ihrer Mitgliedstaaten. Der Mitgliedstaat überträgt Hoheitsgewalt auf die Europäische Union, gewinnt damit Einfluss über seinen Staat hinaus und begibt sich somit in eine Wechselbeziehung gegenseitiger Erneuerung und Einflussnahme.

Der Mitgliedstaat ist europaoffen und Europa ist für die Mitgliedstaaten zugänglich. Das von den europäischen Organen gesetzte Europarecht ist in den Mitgliedstaaten verbindlich, die europäischen Organe haben aber nur Hoheitsgewalt, solange ihr Handeln von den Mitgliedstaaten getragen wird.

Vor 200 Jahren wurde der Staat vor allem als Organisation mit Hoheitsgewalt und Zwangsmacht verstanden. Heute wissen wir, dass sich die Entfaltung von Freiheit, Kultur und wirtschaftlicher Prosperität nicht erzwingen lässt. Deshalb beansprucht der Staat zwar weiterhin das Monopol, Hoheitsgewalt letztlich allein ausüben zu dürfen, öffnet sich aber in den Erneuerungsinstrumenten von Freiheit und Demokratie stets einer Entwicklung, die den Status, das Statische des Staates verändert und die staatliche Gemeinschaft des Rechts immer wieder zu neuen Antworten auf veränderte Anfragen der Wirklichkeit führt. Das Gesicht eines Staates wird in der Völkerrechtsgemeinschaft an seiner Sprecherfunktion erkannt: Dank seiner Hoheitsgewalt kann er für ein bestimmtes Volk und Gebiet verbindlich sprechen und handeln, wird von seinen Bürgern in seiner Gewalt über Staatsgebiet und Staatsvolk anerkannt, entwickelt einzelne Gesichtszüge in der um eine innere Mitte der Staatsorgane und einer rechtlichen Grundordnung gebildeten Handlungs- und Rechtseinheit und ist damit im Übrigen Ausdruck stetig neuen Beobachtens, Denkens, Fühlens und Antwortens.

Im vergangenen Jahrhundert haben die Deutschen in ihrem Staatsgebiet neun verschiedene politische Verfassungen erlebt. Allein das Verfassungsgesetz kann deshalb die Entwicklung von Freiheit und Demokratie nicht immer in Stetigkeit und Nachhaltigkeit steuern. Eine Verfassung bewahrt nur ihre Gestaltungskraft, wenn der Verfassungsbaum seine Kraft immer wieder aus dem Humus seiner historisch gewachsenen, aktuell erprobten und in der Zukunftserwartung überzeugenden Werteordnung ziehen kann. Staat und Staatsvolk sind Erbe von Religion und Kultur. Sie bewahren sich Erneuerungskraft und Entwicklungsoffenheit auf der verlässlichen Grundlage von Freiheit und Demokratie, wenn sie im Bewusstsein ihres religiös-kulturellen Erbes handeln.

Die Rechtsbeziehungen zwischen Mitgliedstaaten und Europäischer Union hingegen brauchen eine präzise Sprache: Die Verfassungen der Mitgliedstaaten regeln deren staatsrechtliche Grundstruktur und bestimmen dabei auch die Bedingungen, nach denen der jeweilige Staat für eine europäische Integration offen ist. Artikel 23 des deutschen Grundgesetzes besagt, ähnlich wie viele andere mitgliedstaatliche Verfassungen, dass Deutschland nur an einer Europäischen Union mitwirkt, den demokratischen, rechtsstaatlichen, sozialen und föderativen Grundsätzen sowie dem Grundsatz der Subsidiarität verpflichtet ist und einen dem Grundgesetz im Wesentlichen vergleichbaren Grundrechtsschutz gewährleistet. Außerdem darf die Europäische Union nicht die für den verfassungsändernden Gesetzgeber in Deutschland unantastbaren Grundprinzipien des deutschen Staates und seiner verfassungsrechtlichen Identität berühren. Würde nunmehr die Europäische Union selbst eine Verfassung besitzen, entstünde die Frage, ob diese europäische Verfassung die nationale Verfassung verdrängen könnte. Europarecht geht grundsätzlich – im Rahmen der verfassungsrechtlichen Ermächtigung und des Rechtsanwendungsbefehls des jeweiligen mitgliedstaatlichen Parlaments – dem deutschen Recht vor. Hat der Bundestag in den Bindungen des deutschen Grundgesetzes und im Rahmen seines Integrationswillens die Anwendung von Europarecht in Deutschland mit Zustimmung des Bundesrates angeordnet, geht das europäische Recht insoweit dem deutschen Recht vor. Maßstab und Grenze dieses Vorrangs sind allerdings das Europaverfassungsrecht des Grundgesetzes und der Rechtsanwendungsbefehl des deutschen Grundgesetzes.

Würde dieses Europarecht nunmehr zum Verfassungsrecht, könnte auch für dieses Verfassungsrecht Vorrang beansprucht werden, der dann die gesamte deutsche Verfassung verdrängte. Die verfassungsrechtliche Sicherung der Grundstruktur der Europäischen Union durch das Grundgesetz und der Schutz der Identität des deutschen Verfassungsstaates würden dadurch unverbindlich.

Dieses wäre gerade in der Gegenwart einer erweiterten und einer erneuerten Europäischen Union gefährlich. Zwar besteht glücklicherweise kein Anlass, die Grundstruktur der Europäischen Union gefährdet zu sehen. Doch sind die Verfassungsgarantieren der mitgliedstaatlichen Verfassungen für die Europäische Union von aktueller Bedeutung, wenn das für einen Staatenverbund typische Demokratiedefizit bewusst gemacht und dadurch immer wieder die Frage gestellt wird, ob bei einer nichtparlamentarischen Gesetzgebung durch die Exekutive zumindest das Recht der Gesetzesinitiative nicht ausschließlich bei der Kommission liegen dürfe. Außerdem verlangen die mitgliedstaatlichen Verfassungen für die Europäische Union rechtsstaatliche Grundsätze, also eine deutlichere Gewaltenteilung zwischen Exekutive und Gesetzgebung, eine klare, allgemein ersichtliche Zuweisung von Verantwortlichkeiten in einer überschaubaren Aufgaben- und Kompetenzordnung, die Abstimmung und sprachliche Anpassung der europäischen Rechtsakte in den jeweiligen Rechts- und Sprachraum des Mitgliedstaates und schließlich auch Entscheidungsverfahren, die vorhandene Besitzstände, insbesondere den Landwirtschaftsfonds, den Strukturfonds und die unterschiedliche Aufteilung der Finanzlasten unter den Mitgliedstaaten, überprüfen und erneuern können. Außerdem ist die Grundstruktur der Europäischen Union auf die der Mitgliedstaaten dadurch abzustimmen, dass die Union für die nur im Staatenverbund erfüllbaren Aufgaben zuständig wird, die übrigen Aufgaben aber bei den Mitgliedstaaten verbleiben. Der Wirrwarr eher zufällig entstandener begrenzter Einzelermächtigungen ist durch prinzipielle Einzelermächtigungen zu beenden. Demokratische, rechtsstaatliche, soziale Grundsätze und der Grundsatz der Subsidiarität verlangen eine einsichtige Aufgaben- und Verantwortungsordnung. Damit drängen die mitgliedstaatlichen Verfassungen die Europäische Wirtschaftsgemeinschaft zu einer politischen Gemeinschaft, die insbesondere die Demokratieschwäche Europas beendet, die menschenrechtliche Wertegemeinschaft vertieft und die Industriepolitik durch eine soziale Marktwirtschaft ablöst.

Wenn derzeit zehn neue Mitgliedstaaten in die Union eingetreten sind, deren Geschichte als Verfassungsstaaten jeweils noch jung ist, werden auch diese Staaten sich nicht der Dominanz einer Europäischen Verfassung unterwerfen, sondern ihre Verfassungen in der jeweiligen rechtlich begrenzten Integrationsoffenheit entfalten wollen. Auch wäre es für Europa ein Verlust, wenn die von den nationalen Verfassungsgerichten entwickelte Rechtskultur für den Integrationsprozess an Bedeutung verlöre und nunmehr der Europäische Gerichtshof als ein europäisches „Verfassungsgericht" zentral die verfassungsrechtlichen Grundlagen Europas fortentwickeln würde.

Der Fehler, den Unionsvertrag „Verfassung" zu nennen, zeigt sich gegenwärtig deutlich in den mitgliedstaatlichen parlamentarischen Zustimmungsverfahren. Unter welchen Voraussetzungen der neue Vertrag im jeweiligen Mitgliedstaat in Kraft tritt, bestimmt die nationale Verfassung. Diese sieht in vielen Staaten, insbesondere in Deutschland, die parlamentarische Zustimmung in Form eines Gesetzes vor. Eine Verfassunggebung ist hingegen der verfassunggebenden Gewalt vorbehalten, also einer plebiszitären Entscheidung durch das Staatsvolk.

Wenn gegenwärtig in Großbritannien, Frankreich und auch in Deutschland diskutiert wird, ob die Änderung des Unionsvertrages in diesen Staaten nur durch Volksabstimmung Gültigkeit gewinnen könne, sind diese Erwägungen für eine europäische „Verfassung" folgerichtig, durch den Inhalt der beabsichtigten Vertragsänderung jedoch nicht veranlasst. Der Vertragsentwurf schreibt lediglich das bisherige Vertragswerk fort. Auch die Aufnahme eines Grundrechtekatalogs begründet noch keine Verfassung; entsprechende Garantien sind in der Europäischen Menschenrechtskonvention und im Menschenrechtsstatut der Vereinten Nationen auf vertraglicher Grundlage geläufig.

Auch in der Diskussion um die europäische Verfassung muss sich die Europäische Union somit ihrer Ziele vergewissern. Die Mitgliedstaaten sind sich einig, dass weder Vereinigte Staaten von Europa gegründet werden sollen noch ein europäischer Bundesstaat entstehen, wohl aber der erweiterte Staatenverbund eine festere Rechtsgrundlage gewinnen soll. Diese Festigkeit wurzelt in der Tradition des europäischen Rechts: Europa bewahrt seine Eigenheit im christlichen Gedanken der Menschenwürde, in der gewachsenen Kultur der Verfassungsstaatlichkeit, in demokratischen, rechtsstaatlichen und sozialen Strukturen. In diesen Strukturen findet die Europäische Union ihre Identität, ihre rechtliche Verlässlichkeit, ihre politische Nachhaltigkeit.

# Literaturverzeichnis

## I. Individuelle Freiheit und Gemeinschaft

*Böckenförde, Ernst Wolfgang,* Der Staat als sittlicher Staat, 1978.

*Isensee, Josef,* Grundrechtsvoraussetzungen und Verfassungserwartungen an die Grundrechtsausübung, in: ders./Paul Kirchhof (Hrsg.), Handbuch des Staatsrechts der Bundesrepublik Deutschland, Band V, 1992, S. 115.

*Kielmansegg, Peter Graf,* Volkssouveränität, 1977.

*Kielmansegg, Peter Graf,* Nach der Katastrophe, eine Geschichte des geteilten Deutschlands, 2000.

*Kirchhof, Paul,* Grundrechtsinhalte und Grundrechtsvoraussetzungen, in: Detlef Merten/Hans-Jürgen Papier (Hrsg.), Handbuch der Grundrechte, Band I, 2003, § 21.

*Kirchhof, Paul,* Der demokratische Rechtsstaat, die Staatsform der Zugehörigen, in: Josef Isensee/ders. (Hrsg.), Handbuch des Staatsrechts der Bundesrepublik Deutschland, Band IX, 1997, § 221.

*Kirchhof, Paul,* Das Grundgesetz als Gedächtnis der Demokratie – Die Kontinuität des Grundgesetzes im Prozess der Widervereinigung und der europäischen Integration, in: Martin Heckel (Hrsg.), Die innere Einheit Deutschlands inmitten der europäischen Einigung, Tübinger rechtswissenschaftliche Abhandlungen, Band 82, 1996, S. 35.

*Schulze-Fielitz, Helmuth,* Der informale Verfassungsstaat, 1984.

*Starck, Christian,* Die Verfassungen der neuen Länder, in: Josef Isensee/Paul Kirchhof (Hrsg.), Handbuch des Staatsrechts der Bundesrepublik Deutschland, Band IX, 1997, § 208.

*Winkler, Heinrich August,* Der lange Weg nach Westen, 2002.

## II. Weltanschauliche Neutralität und die Freiheit der Bekenntnisse

*Bethge, Herbert,* Gewissensfreiheit, in: Josef Isensee/Paul Kirchhof (Hrsg.), Handbuch des Staatsrechts der Bundesrepublik Deutschland, Band VI, 1989, § 137.

*Campenhausen, Axel Freiherr von,* Religionsfreiheit, in: Josef Isensee/Paul Kirchhof (Hrsg.), Handbuch des Staatsrechts der Bundesrepublik Deutschland, Band VI, 1989, § 136.

*Guardini, Romano,* Das Ende der Neuzeit, 1947.

*Hollerbach, Alexander,* Grundlagen des Staatskirchenrechts, in: Josef Isensee/Paul Kirchhof (Hrsg.), Handbuch des Staatsrechts der Bundesrepublik Deutschland, Band VI, 1989, § 138.

*Höffe, Ottfried,* Universalistische Ethik und Urteilskraft. Ein aristotelischer Blick auf Kant, in: Ludger Honnefelder (Hrsg.), Sittliche Lebensform und praktische Vernunft, 1992, S. 59.

*Hübner, Kurt,* Das Christentum im Wettstreit der Religionen, 2003.

*Kasper, Walter,* Die theologische Begründung der Menschenrechte, in: Dieter Schwab u. a. (Hrsg.), Festschrift für Paul Mikat, 1989, S. 99.

*Lehmann, Karl Kardinal,* Recht braucht Freiheit und schützt sie, in: Rudolf Mellinghoff/Gerd Morgenthaler/Thomas Puhl (Hrsg.), Die Erneuerung des Verfassungsstaates, 2003, S. 91.

*Marquardt, Odo,* Apologie des Zufälligen: philosophische Studien, 1986.

*Smend, Rudolf,* Staat und Kirche nach dem Bonner Grundgesetz, 1951.

*Starck, Christian,* Staat und Religion, JZ 2000, S. 1.

*Walter, Christian,* Staatskirchenrecht oder Religionsverfassung, in: Rainer Grote/Thilo Marauhn (Hrsg.), Religionsfreiheit zwischen individueller Selbstbestimmung, Minderheitenschutz und Staatskirchenrecht – Völker- und verfassungsrechtliche Perspektiven, 2001, S. 215 ff.

*Welte, Bernhard,* Die Würde des Menschen und die Religion, 1977.

*Winter, Jörg,* Das Verhältnis von Staat und Kirche als Ausdruck der kulturellen Identität der Mitgliedstaaten der Europäischen Union, in: Joachim Bohnert (Hrsg.), Festschrift für Alexander Hollerbach, 2001, S. 892 ff.

## III. Der Sozialstaat und das Geld

*Duwendag, Dieter,* Der Staatssektor in der sozialen Marktwirtschaft, 1976.

*Eschenbach, Jürgen,* Der verfassungsrechtliche Schutz des Eigentums, 1996.

*Fechner, Frank,* Geistiges Eigentum und Verfassung. Schöpferische Leistungen unter dem Schutz des Grundgesetzes, 1999.

*Hammann, Winfried D.,* Eigentum in der Zeit, 1985.

*Hecker, Damian,* Eigentum als Sachherrschaft. Zur Genese und Kritik eines besonderen Herrschaftsanspruchs, 1999.

*Herzog, Roman,* Grundrechte aus der Hand des Gesetzgebers, in: Walter Fürst/ders./Dieter C. Umbach (Hrsg.), Festschrift für Wolfgang Zeidler, Band 2, 1987, S. 1415 ff.

*Hösch, Ulrich*, Eigentum und Freiheit, 2000.

*Jänich, Volker*, Geistiges Eigentum – eine Komplementärerscheinung zum Sacheigentum?, 2002.

*Kirchhof, Paul*, Der sanfte Verlust der Freiheit, 2004.

*Kirchhof, Paul*, Staatliche Einnahmen, in: Josef Isensee/ders. (Hrsg.), Handbuch des Staatsrechts der Bundesrepublik Deutschland, Band IV, 1990, § 88.

*Lerche, Peter*, Grundrechtlicher Schutzbereich, Grundrechtsprägung und Grundrechtseingriff, in: Josef Isensee/Paul Kirchhof (Hrsg.), Handbuch des Staatsrechts der Bundesrepublik Deutschland, Band V, 1992, § 121.

*Nierhaus, Michael*, Grundrechte aus der Hand des Gesetzgebers?, AÖR 116, 1991, S. 72.

*Rupp, Hans H.*, Grundgesetz und „Wirtschaftsverfassung", 1974.

*Schwab, Dieter*, Eigentum, in: Otto Brunner/Werner Conze/ Reinhart Koselleck (Hrsg.), Geschichtliche Grundbegriffe, Band 8, 1979, S. 94 ff.

*Timm, Charlotte*, Eigentumsgarantie und Zeitablauf, 1977.

*Wendt, Rudolf*, Eigentum und Gesetzgebung, 1985.

*Willoweit, Dietmar*, Geschichtliche Wandlungen der Eigentumsordnung und ihre Bedeutung für die Menschenrechtsdiskussion, in: Johannes Schwartländer/ders. (Hrsg.), Das Recht des Menschen auf Eigentum, 1983, S. 7.

## IV. Nationale Rechtskultur in Europa

*Badura, Peter,* Staat und Verfassung in Europa, in: Festschrift für Yueh-Sheng Wenig, 2002, S. 1043 ff.

*Böckenförde, Ernst-Wolfgang,* Welchen Weg geht Europa?, 1997.

*von Eichendorff, Joseph,* Preußen und die Konstitutionen, (1832), in: Jost Perfahl (Hrsg.), Joseph von Eichendorff,

Werke: Politische und historische Schriften, Streitschriften, Band V, 1988, S. 129.

*Ipsen, Hans Peter,* Europäisches Gemeinschaftsrecht, 1972.

*Isensee, Josef,* Europa – die politische Erfindung eines Erdteils, in: ders./Paul Kirchhof/Hermann Schäfer/Hans Tietmeyer, Europa als politische Idee und als rechtliche Form, 1994, S. 103.

*Isensee, Josef,* Integrationsziel Europastaat?, in: Ole Due/Marcus Lutter/Jürgen Schwarze (Hrsg.), Festschrift für Ulrich Everling, Band I, 1995, S. 567 ff.

*Isensee, Josef,* Europäische Union – Mitgliedstaaten im Spannungsfeld von Integration und nationaler Selbstbehauptung, Effizienz und Idee, in: Konferenz der Deutschen Akademien der Wissenschaften und der Akademie der Wissenschaften und Literatur in Mainz (Hrsg.), Europa – Idee, Geschichte, Realität, 1996.

*Kaufmann, Marcel,* Europäische Integration und Demokratieprinzip, 1997.

*Kielmansegg, Peter Graf,* Nach der Katastrophe. Die Deutschen und ihre Nation. Eine Geschichte des geteilten Deutschlands, 2000.

*Kirchhof, Paul,* Der deutsche Staat im Prozess der europäischen Integration, in: Josef Isensee/ders. (Hrsg.), Handbuch des Staatsrechts der Bundesrepublik Deutschland, Band VII, 1993, § 183.

*Kirchhof, Paul,* Die Identität der Verfassung in ihren unabänderlichen Inhalten, in: Joseph Isensee/ders. (Hrsg.), Handbuch des Staatsrechts der Bundesrepublik Deutschland, Band II, 2004, § 21.

*Oppermann, Thomas,* Europarecht, 2. Auflage, 1999.

*Oppermann, Thomas,* Der europäische Traum zur Jahrhundertwende, 2001.

*Pernice, Ingolf,* Europäische Grundrechts-Charta und Konventsverfahren, 2001.

*Rengeling, Hans Werner,* Eine Europäische Charta der Grundrechte, in: Jörn Ipsen/Eduard Schmidt-Jortzig (Hrsg.), Festschrift für Dietrich Rauschning, 2001, S. 225 ff.

*Ress, Georg,* Menschenrechte, Europäisches Gemeinschaftsrecht und nationales Verfassungsrecht, in: Herbert Haller/Christian Kopetzki/Richard Novak/Stanley L. Paulson/Bernhard Raschauer/ders./Ewald Wiederin (Hrsg.), Festschrift für Günther Winkler, 1997, S. 897.

*Schambeck, Herbert,* Über die Idee einer EU-Verfassung, in: Carl Baudenbacher u. a. (Hrsg.), Festschrift für Walter Barfuss, 2002, S. 227 ff.

*Winkler, Heinrich August,* Der lange Weg nach Westen, 2 Bd., 2002.

# Inspiriert von Romano Guardini

Hans Joas
**Braucht der Mensch Religion?**
Über Erfahrungen der Selbsttranszendenz
Band 5459
Was erfährt, wer glaubt? Die Erfahrung der Selbstüberschreitung braucht
Deutung. Eine überraschende Sicht auf eine alte Menschheitsfrage.

Franz-Xaver Kaufmann
**Wie überlebt das Christentum?**
Band 4830
Spiritualität: vielleicht – Christentum: nein danke! – Das ist der Trend. In
welcher Gestalt und unter welchen Voraussetzungen hat Christentum
Zukunft?

Dietmar Mieth
**Die Diktatur der Gene**
Biotechnik zwischen Machbarkeit und Menschenwürde
Hrsg. von Thomas Brose
Band 5204
Ein Plädoyer für einen verantwortungsbewussten Umgang mit dem, was
Menschen können und für eine Ethik, die vor den komplexen Problemen
nicht abdankt.

Wolfgang Reinhard
**Glaube und Macht**
Kirche und Politik im Zeitalter der Konfessionalisierung
Band 5458
Reinhard entwirrt die Interessen, unterscheidet reformatorischen Eifer,
katholischen Dogmatismus und politische Machtinteressen – und schlägt
den Bogen zur konfessionellen Kultur der Gegenwart.

**HERDER spektrum**

# Hans Maier bei Herder Spektrum

Hans Maier
## Die christliche Zeitrechnung
Band 4933
„Eine kompakte Darstellung, die eine Wissenslücke füllt." (Wiener Zeitung)

Hans Maier
## Welt ohne Christentum – was wäre anders?
Band 4945
Vor nahezu 2000 Jahren kam das Christentum in die Welt. Es hat die Gesellschaften des Abendlands geprägt. Welche Rolle wird es in Zukunft spielen?

Hans Maier
## Das Doppelgesicht des Religiösen
Religion – Gewalt – Politik
Band 5468
Hans Maier fordert die klassische Unterscheidung zwischen Religion und Politik. Religion bedarf der Vernunftklärung und der institutionellen Sicherung, um nicht dem Missbrauch offen zu stehen.

Hans Maier
## Politische Religionen
Die totalitären Regime und das Christentum
Band 4414
Hans Maier definiert Gefahren und Möglichkeiten des Zusammenspiels von Religion und Politik unter den Bedingungen der Moderne. Eine verständliche und brillant geschriebene Analyse politischer Strömungen.

**HERDER spektrum**

## Kultur – Gesellschaft – Staat

Philipp Gessler
### Der neue Antisemitismus
Hinter den Kulissen der Normalität
Band 5493
Wie normal ist Antisemitismus hierzulande? Ein brisanter Bericht aus
dem Inneren unseres Landes. Spannend und provokant.

Friedhelm Hengsbach
### Das Reformspektakel
Warum der menschliche Faktor mehr Respekt verdient
Band 5544
Hengsbachs These: Kern jeder Wirtschaft und jeder Gesellschaft bleibt –
der Mensch.

Wolfram Henn
### Warum Frauen nicht schwach, Schwarze nicht dumm und Behinderte nicht arm dran sind
Der Mythos von den guten Genen
Band 5479
Schöner – klüger – blauäugiger? Warum wir mehr sind, als unsere Gene.
Eine spannende Sicht auf die Gentechnik.

Wolfgang Huber
### Vertrauen erneuern
Eine Reform um der Menschen willen
Band 5605
Der Ratsvorsitzende der IKD über Unsensibilität von Managern und Poli-
tikern und über Verantwortung des Einzelnen.

Johannes Paul II.
### Gewissen der Welt
Mit einer Einführung von Ernst-Wolfgang Böckenförde
Band 5334
Die weltweit gehörte Stimme eines großen spirituellen Führers zum Weg
des Menschen ins 21. Jahrhundert.

# HERDER spektrum

Margot Käßmann
**Was können wir hoffen – was können wir tun?**
Antworten und Orientierung
Band 5385
Wegschauen und auf privates Wohlbehagen hoffen, das geht nicht länger.
Die Autorin macht klar, Wille zur Versöhnung, Suche nach dem rechten
Maß, richtiges Miteinander ist Grund zur Hoffnung.

Hans Joachim Meyer
**Am Ende der Ichgesellschaft**
Im Gespräch mit Jürgen Hoeren
Hrsg. von Jürgen Hoeren
Band 5338
Der Präsident des ZK der deutschen Katholiken bezieht Stellung: Alter-
nativen zur Egokultur – nötiger denn je.

Dieter Oberndörfer
**Deutschland in der Abseitsfalle**
Politische Kultur in Zeiten der Globalisierung
Band 5551
Der scharfe Zeit-Analytiker Oberndörfer weist nach: Zukunft kann nur
gelingen, wenn wir eine offene politische Kultur entwickeln.

Joseph Kardinal Ratzinger
**Werte in Zeiten des Umbruchs**
Die Herausforderungen der Zukunft bestehen
Band 5592
Angesichts aktueller Bedrohungen sind Religion und Rationalität in ihrer
Beziehung neu zu bestimmen. Eine eminent politische Wortmeldung.

Annette Schavan
**Welche Schule wollen wir?**
PISA und die Konsequenzen
Band 5308
Was sollen unsere Kinder lernen? Annette Schavan tritt für eine Schule
ein, die auf Leistung setzt und Freude am Lernen vermittelt. Sie plädiert
für eine Wiederentdeckung der Bildung als Lebenskunst.

# HERDER spektrum